Viele Welten

HASEN EDITION HALLE/SAALE
2007

MITTELDEUTSCHE KULTURHISTORISCHE HEFTE
Nummer 7

Herausgeber
Peter Gerlach und Moritz Götze

VIELE WELTEN

DIE BURGSTRASSE IN HALLE

Annett Krake

Die „Schwarze Schürze“ um 1800

WARUM

Was gibt es da schon zu erzählen, von einer Straße, die auf den ersten Blick grau erscheint, mit kargem Baumwuchs und buckligem Pflaster. Die selbst bei Sonnenschein noch fahl und zerschlissen wirkt. Es ist kaum vorstellbar, dass die Burgstraße einmal eine Allee war, rechts und links mit Kirschbäumen und Linden bepflanzt. Hier flanierten die Geschäftsleute aus der Stadt, erholten sich auf Spaziergängen an der Saale und vergnügten sich in den idyllisch gelegenen Lokalen, wie zum Beispiel „Der Weintraube“, der „Schwarzen Schürze“ oder der „Gosenschänke“.

Wer in der Burgstraße heute den zweiten Blick wagt, der findet die Reste dieses Charmes. Da stehen prächtige Häuser neben einfachem Fachwerk. Bröckelnde Fassaden spiegeln sich im Schein blinkender Scheiben. Und so verschieden wie die Architektur dieser Straße ist, so verschieden sind die Bewohner und ihre Geschichten. Geschichten, die von Ruhm und Ehre, von Trauer und Glück, von Idylle und Tragik erzählen. Die Villa des Bankiers Lehmann steht gegenüber dem Volkspark. Ein Stückchen weiter zeugten das Wohnhaus von Ernst Leutert und Reste seiner Maschinenfabrik von dem goldenen Zeitalter der Industrie. Gegenüber etablierte sich im „Bethcke-Lehmann-Stift“ eine der ersten Frauenschulen. Ein paar Häuser weiter wurde Hans Litten, der wichtigste Anwalt der Weimarer Republik, geboren. Die Burgstraße ist die Hauptschlagader von Giebichenstein, die voll von Gegensätzen an Architektur, an Persönlichkeiten, an Ladenbesitzern und an Geschichte nun schon lange das pulsierende Treiben aushält.

Blick von der Oberburg des Giebichenstein auf die Burgstraße, um 1900

SAGENHAFT WISSENSWERTES

Die Geschichte der Burgstraße reicht bis ins Zeitalter der Sagen zurück. Ein unterirdischer Gang soll von der Moritzburg bis zur Burg Giebichenstein führen. Am Ende des langen Ganges sitzt eine goldene Ente mit drei goldenen Eiern auf einem goldenen Nest. Aber noch niemand konnte den Gang bis zum Ende gehen, er ist zu finster. Einmal versuchten drei Hallorenfrauen, die Ente zu finden. Sie nahmen eine Laterne und banden am Eingang das Fadenende eines dicken Wollknäuels an. Beim Weitergehen wickelten sie den Faden stetig ab, um sich nicht zu verirren und den Weg zurückzufinden. Nach kurzer Zeit erlosch plötzlich die Lampe, ein bitterkalter Wind pfiff durch den engen Gang, sie konnten nicht mehr die Hand vor ihren Augen sehen – so mussten sie umkehren. Zum Andenken an ihren Mut werden ihre Kamisole, so hießen damals die Kleider der Hallorenfrauen, in der Sakristei der Moritzkirche aufbewahrt.

So geht die Sage, die sich die Leute im Schatten der Giebichensteiner Allee, der späteren Burgstraße, erzählten. Eine Allee, die rechts und links mit Linden, Kastanien und Obstbäumen bepflanzt war. Geschaffen hat diese Idylle Johann Christian Ochs von Ochsenstein, ein ansehnlicher Mann und lebensfroher Unterhalter. Er verwaltet von 1740 bis 1754 als Oberamtmann und königlicher „Kriegs- und Domänenrat" das Amt Giebichenstein der Domäne Moritzburg. Auf seine Veranlassung und Kosten lässt er die auf dem Feldweg liegenden Porphyrbuckel wegsprengen und befestigt den unbequemen Weg zu einer geraden Straße, zur Giebichensteiner Allee, der späteren Burgstraße. Ochs von Ochsenstein, ein Mann der Tat und ein Romantiker, der sich der Einmaligkeit der ihn umgebenden Landschaft mit Saale, Felsen und weitreichenden Gartenanlagen bewusst ist. Während seiner Amtszeit gestaltet er den gesamten Burggraben und die Umgebung neu und prägt damit entscheidend den Giebichensteiner Park, den heutigen Amtsgarten. Mit Sinn und Blick für Gestaltung und Veränderung hinterlässt er noch heute sichtbare Spuren, wie zum Beispiel die steinerne Brücke über den Burggraben der Burg Giebichenstein, über die man in den Innenhof der Burg gelangt. Und Ochs von Ochsenstein erobert durch sein Tun das Herz der auffallend schönen Gräfin Julie von Pouch. Julie von Pouch lauscht mit Hingabe den Plänen des Ochs von Ochsenstein, der zu dieser Zeit noch gar kein „von" war. Der adlige Titel muss erst her, als die adelsstolze Mutter der anmutigen Julie entschied: „Die Gräfin Henriette Wilhelmine Julie von Solms-Laubach-Pouch wird nie unter ihrem Stande heiraten." Um Lösungen nie verlegen, besinnt sich der Oberamtmann auf sein ihm angetragenes, königliches Amt und lässt sich von König Friedrich II. in den Adelsstand erheben. Der Heirat steht nichts mehr im Wege. Ochs und Öchsin gestalten nun gemeinsam weiter. Im Burggraben legen sie einen Springbrunnen an, unter der Einfahrtsbrücke entsteht eine Orangerie, dazu zwei Lusthäuser. An der Giebichensteiner Kirche, der Bartholomäuskirche lässt Ochs von Ochsenstein das baufällige Kirchenschiff abreißen und die Kirche im preußischen Barockstil neu errichten. Dazu stiftet er der Kirche eine Orgel mit wunderschönem Orgelprospekt, welches noch heute in der Giebichensteiner Bartholomäusgemeinde zu bewundern ist. Wer nicht durch die Giebichensteiner Allee spazieren will, der kann ab 1878 mit einem Pferdeomnibus durch die Burgstraße fahren. Der Pferdeomnibus ist ein hochbeiniger Wagen, der von kleinen dänischen Pferden gezogen wird und von Giebichenstein nach Halle fährt. Bei größeren Steigungen in der Burgstraße ist es jedoch notwendig, ein weiteres Pferd vorzuspannen. Der Fahrpreis beträgt bis zur Stadtgrenze – Ecke Mühlweg/Burgstraße – 10 Pfennig. An Sonntagen jedoch von 12 Uhr mittags an 20 Pfennig. Schaffner und festgelegte

Eine der ersten elektrischen Straßenbahnen in Halle, nach 1898

Haltestellen gibt es nicht. Der Kutscher bedient Bremse, Klingel, Wechselgeldbörse und Peitsche zugleich, während jeder nach Belieben zu- oder absteigen kann. Es dauert nicht lange und in das Pflaster der Burgstraße werden Schienen eingelassen. Die notwendigen Vorbereitungen für eine riesige Sensation. 1882 fährt der erste Straßenbahnwagen auf Schienen durch die Burgstraße, aber immer von Pferden gezogen, bis 1898 die elektrische Straßenbahn die Pferdebahn in Giebichenstein ablöst. Da erhellen bereits fünf Laternen die Burgstraße. Die erste steht am Gasthof „Zum Mohr", die letzte an der Lehmannschen Villa. Dann wird's duster. War die heimliche Grenze der Burgstraße schon damals die bucklige Erhebung kurz vor dem Volkspark und der Lehmannschen Villa?

Das Dorf Giebichenstein wird am 1. April 1900 eingemeindet. Die Stadt Halle hat dadurch einen Zugewinn von 229,47 Hektar Land, 16134 Einwohnern und 1026790 Reichsmark. Das ist der Chronik von Lehrer Friedrich Linke, die im Kirchenamtsbüro der Bartholomäusgemeinde liegt, zu entnehmen.

Burgstraße 25, zugemauerte Fassade, 1984

Der Meinung, dass die Burgstraße auf der Höhe Volkspark, Lehmannsche Villa endet, war jedenfalls Fritz Gebhardt. Der DEFA-Dokumentarfilmer wird 1926 in Halle geboren. Er dreht sechzig Jahre später einen Film über die Burgstraße. Im Filmton heißt es: „Ich war hier einmal zu Hause und deshalb erzählen mir die Straßen, die Häuser und selbst die Steine Geschichten, die sonst keiner hört. Ich wohnte in dem viel lebendigeren Teil der Burgstraße, dem Nördlichen, den mit den einfachen Leuten. Etwas unaufgeräumt aber sehr sympathisch. Und daran hat sich nichts geändert." Fritz Gebhardt zieht 1935 in die Burgstraße 18 ein. Zum Abschluss seiner beruflichen Karriere als Dokumentarfilmer ist es Gebhardt ein wichtiges Anliegen, einen Film über die Straße seiner Kindheit zu drehen. Er nennt den Streifen „Meine Straße". Gebhardt weiß um die Besonderheit der Geschichten der Burgstraße, die teils verschollen, teils verwahrlost, manchmal ungeachtet den Geist eines jeden Hauses ausmachen oder -machten.

Straßenszene im nördlichen Teil der Burgstraße, 1979

Lehmanns Villa, um 1900

MACHT UND PRACHT

Das prächtigste Gebäude in der Burgstraße ist die Lehmannsche Villa. Sie diente der Bankiersfamilie Lehmann als Sommersitz. Die Geschichte dieser Familie kurz zu erzählen, gleicht dem Versuch, die Fenster der Lehmannschen Villa an einem Tag putzen oder die Ornamente in und am Haus in einer Stunde zählen zu wollen. Es ist nicht möglich. Die Villa ist ein Gebäude mit schlossähnlichem Baukörper und steht zwischen Saale und kantigen Felsen, fest verwurzelt in der Burgstraße 46. Die hallesche Geschichte der Familie Lehmann fängt mit Heinrich Franz Lehmann an. 1764 wird Heinrich Franz Lehmann in Detershagen, Ortsteil der Kreisstadt Burg, geboren. Mit sieben Jahren verlässt er nach dem Tod des Vaters seine Mutter und die Geschwister und wächst in einem Waisenhaus in Magdeburg auf. Dort erhält er eine respektable Schulbildung. Dann nimmt er eine Lehre als Kaufmann auf und kommt nach Halle. Er wird von dem alten Heusinger, einem angesehenen Kaufmann, aufgenommen. Heusinger führt Heinrich Franz Lehmann in die obersten Kreise der Gesellschaft ein. Dabei lernt Heinrich Franz Lehmann Dorothea Friedericke Ernst, die Nichte von Heusinger, kennen und hält um ihre Hand an. Nach dem Tod des alten Heusinger übernimmt Lehmann dessen Lebensmittelgeschäft. Lehmann fasst weiter Fuß in Halle. Er ist ein Gründungsmitglied des „Vereins für halleschen Handel“ und Mitbegründer des „Brotvereins“. Der „Brotverein“ reagiert bei aufkommenden Teuerungen mit dem Ankauf von Getreide und lässt davon Brot backen. Der Preis für dieses Brot lag ein Drittel unter dem offiziellen. Diese soziale Maßnahme war eine Vorsorge, um Hungeraufstände zu verhindern.

Heinrich Franz Lehmann handelt in vielen Bereichen. 1789 wird er „Königlich preußischer Lotterieeinnehmer". Von 1818 bis 1832 engagiert sich Lehmann als unbesoldeter Stadtrat. Das eigene Unternehmen steht jedoch immer im Mittelpunkt seiner Überlegungen. Und so stellt er sich den Anforderungen der aufkommenden Industrialisierung und wandelt 1828 das Geschäft in ein ausschließliches Bankhaus um. Bei dieser Gelegenheit wird sein ältester Sohn Ludwig Lehmann als Teilhaber der Firma vorgestellt und offiziell in die gesellschaftlichen Kreise eingeführt. Heinrich Franz Lehmann hat insgesamt drei Kinder, Amalie und Charlotte und eben den einen Sohn Ludwig. 1834 zieht sich Heinrich Franz Lehmann zurück und Ludwig Lehmann übernimmt gänzlich die ertragreichen Geschäfte. Von Erfolg gesegnet, ist es Ludwig Lehmann möglich, vom halleschen Dichter August Gottlieb Eberhard, einem Zeitgenossen August Lafontaines, ein Landwohnhaus an der Saale und von der Domäne Giebichenstein die umliegenden Ländereien mit Felsen zu kaufen. Der Besitz erstreckt sich von der Burgstraße über die Felsenstraße und Rainstraße bis zum Ufer der Saale. Das Landwohnhaus von Eberhard wurde bereits 1818 erbaut und steht noch heute in der Burgstraße 47. Der Dichter Eberhard wird berühmt durch seine 1822 erschienene Idylle „Hannchen und die Küchlein".

In dem von poetischem Geiste durchdrungenen Haus sind Reste der Wandmalereien, die allegorisch die vier Jahreszeiten darstellen, noch immer erhalten. Ludwig Lehmann nutzt das Landhaus und die Gegend um Giebichenstein als Sommersitz. Heinrich Franz Lehmann verbringt hier die letzten Jahre seines Lebens. 1846 stirbt Heinrich Franz Lehmann. Sein Sohn Ludwig lässt Terrassen und einen prächtigen Garten anlegen. Eine Dampfmaschine pumpt das Wasser der Saale in den Garten. Zwei Jahre später, zur Zeit der bürgerlich demokratischen Revolution, steckt die Bank in einer Krise. Die Kundschaft kündigt die Depositengelder, die kurzfristigen Kredite. Darauf gewährt Ludwig Lehmann den Kommerzienräten Ludwig Wucherer (1790–1861) und Carl August Jacob (1789–1866)

Veranda zum Garten, Lehmanns Villa, um 1900

Einblick in seine Kontoführungen. Wucherer und Jacob stellen ihm ein einwandfreies Gutachten aus. Dieses veröffentlicht Ludwig Lehmann und erobert das Vertrauen seiner Kundschaft zurück. Lehmann expandiert und erwirbt das Gelände zwischen der oberen großen Steinstraße und dem Weidenplan. 1867 beginnt der Bau des Bankhauses in der Großen Steinstraße 19. „In uns ist nicht Macht, mit Gott wollen wir Taten tun", lässt er als Inschrift in das alte Patrizierhaus meißeln, die noch heute das Gebäude ziert. Ludwig Lehmann erkennt die Zeichen der Zeit und fördert die Industrialisierung der Landwirtschaft. Die Mehrzahl der Zuckerfabriken im Raum Halle arbeitet nur mit einer Bank zusammen, mit der Lehmannschen. Den Riebeckschen Braunkohlenwerken gewährt Lehmann einen Kredit von 20 000 Talern. Eine Investition in ein zu dieser Zeit noch völlig mittelloses Unternehmen. Carl Adolph Riebeck musste von den fünf Talern, die er für jeden Zentner Teer erhielt, einen an Lehmann abführen. Beide verdienen am Geschäft mit der Kohle Millionen. Ludwig Lehmann stirbt 1877 im Alter von 75 Jahren, seine Frau Sophie drei Jahre später. Die Geschäfte führen nun sein Sohn Heinrich Franz Lehmann der II. und der Schwiegersohn Ludwig Bethcke weiter. Der Lehmannschen Dynastie folgend tritt der Urenkel von Heinrich Franz Lehmann, Johannes Hans Alexander Lehmann, in die vorgezeichneten Fußstapfen. Er kommt aus dem Justizdienst, eignet sich aber schnell Kenntnisse im Bankgeschäft an und erhält 1902 die Prokura, also die handelsrechtliche Vollmacht im familiären Bankbetrieb. 1909 tritt er als Teilhaber in das Unternehmen. Die Nachwehen des ersten Krieges, die Inflation und die sich abzeichnende Weltwirtschaftskrise gehen auch am Bankhaus Lehmann nicht spurlos vorüber. 1925 verkauft Lehmann nach Verhandlungen mit dem Oberbürgermeister Rive die gesamten Ländereien zwischen Burg, Felsen- und Giebichensteiner Straße für 800000 Reichsmark an die Stadt. Dieser geschickte Schachzug von Rive ist für die Stadt ein höchst einträgliches Geschäft. 1931 schließt das Bankhaus Lehmann. Das Haus in der

Die Herren der Familie Lehmann an der Gartenseite der Villa, um 1900

Großen Steinstraße 19 erwirbt die Universität. Auch die „Hungerburg", wie die Villa an der Saale damals bezeichnet wurde, muss verkauft werden. Die Bezeichnung „Hungerburg" führt auf die sparsamen Verhältnisse zurück, unter denen die Bediensteten leben mussten. Die Familie Lehmann behält bis 1935 eine Wohnung in der Villa. Dann wird sie zum Sitz der „Hitler-Jugend Gebietsführung Mitteldeutschlands". Von 1947 bis 1955 Staatliche Hochschule für Theater und Musik, danach Dekanat der Musik-, Sport- und Sprachwissenschaften sowie der Pädagogischen Hochschule „N. K. Krupskaja". Dann steht die Villa leer. Der Turm droht einzustürzen und bekommt als vorläufig rettende Maßnahme eine stützende Ummantelung. Es hat den Anschein, als würde der steinernen, ehrwürdigen alten Dame allmählich der Atem ausgehen. Im Jahr 2005 bietet das Land die Villa zum Kauf an. Es bleibt zu hoffen, dass der neue Besitzer ein Stück Geschichte gut erhält.

Lehmanns Garten wird erst 1945 der Öffentlichkeit zugänglich gemacht und 1956 zum einhundertsten Todestag von Heinrich Heine in „Heinrich Heine Park" umbenannt. Vor 1945 wachen Park- und Nachtwächter, von den Giebichensteinern „Wiesenkutze" genannt, über die Anlagen.

Tischgesellschaft in Lehmanns Villa, um 1900

Die alte Bäckerei Hermann Tümpler in der Burgstraße 2, nach 1890

EINFACH UND WERTVOLL

Der größte Gegensatz zur Lehmannschen Villa ist das Wohnhaus in der Burgstraße 2. Das einfache Haus in Richtung Bartholomäusberg an der linken Seite wirkt mit seiner kleinen Eingangstür und den schiefen Mauern wie verwunschen. Das Haus selbst stammt aus dem 16. Jahrhundert. Die Renaissancetreppe im Haus ist eine Arbeit aus dem beginnenden 17. Jahrhundert und damit wohl ein einzigartiges Stück. In diesem kleinen Haus hat der Bäckermeister Hermann Trümpler vor 1890 sein Handwerk verrichtet. 1890 ließ er dann das Vorderhaus direkt an der damaligen Giebichensteiner Allee bauen. Als das Haus fertig war, zogen die Bäckerei und das Geschäft in das neue Haus ein. Von Hermann Trümpler übernahm sein Sohn Otto die Bäckerei und der Duft frisch gebackenen Brotes quoll bis 1945 aus dem Haus. Dann schlägt das Schicksal zu. Die Bäckerei muss plötzlich schließen, weil Bäckermeister Otto Trümpler an einem Herzschlag direkt am Backofen stirbt.

Das kleine Haus am Bartholomäusberg wird so verschiedentlich genutzt und teilweise verändert, dass es schwer ist, die Wandlungen nachzuvollziehen. Beeindruckend ist, dass es schon mehrmals abgerissen werden sollte, aber dazu kam es nie. 1914 sollte das Haus einer Brotfabrik weichen, da kam der Erste Weltkrieg dazwischen. In den zwanziger Jahren war die Inflation der Grund für das Verschieben der Bauvorhaben. 1936 weigert sich der Schornsteinfeger den Schornstein zu säubern, zu baufällig erschien ihm das Haus. In der Zeit nach dem Ersten Weltkrieg hausen hier Arbeiter mit ihren Familien. Besonders deutlich wird die Situation zu dieser Zeit durch eine Studie, die sich mit der Wohnungsnot

Burgstraße 2, Foto aus der Studie von Richard Bräutigam:
„Wohnungsnot und Wohnungselend in Halle an der Saale von 1926/30“

Straßenbahnhaltestelle vor der „Burg Apotheke", 1984

und dem Wohnungselend in Halle an der Saale von 1926/30 beschäftigt. Darin heißt es zu den Räumen in der Burgstraße 2:

„Ehemaliger Werkstattraum, 11qm Wohnfläche. Die Wände sind feucht, der Raum ist dumpfig, Ratten zerstören die Sachen. Ein Fenster und ein Fensterchen unter der Decke ist vorhanden. Der mit Steinfussboden versehene Raum wird von 5 Personen bewohnt, Ehepaar und drei Knaben. In einem Bett schläft das Ehepaar, in einem kleinen Gitterbett 2 Knaben, 4 und 9 Jahre alt. Zwischen beiden Betten ist der Kinderwagen geschoben, in dem ein 3/4 Jahr alter Säugling schläft. Ein viertes Kind, 11-jähriges Mädchen, ist bei der Großmutter untergebracht. Die beiden älteren Kinder sind im Wachstum zurückgeblieben."

Der Anlass der Studie war eine Gegenüberstellung der 1930 vorhandenen Wohnungen und Haushaltungen mit dem Ergebniss, dass ungefähr 3500 Wohnungen von zwei Familien bewohnt wurden.

Peter Zinecker in seinem Aetlier, 2006

1955 zieht dann ein Student der Metallgestaltung der „Kunsthochschule Burg Giebichenstein“ in das Haus ein. Er richtet sich eine kleine Werkstatt ein und wohnt mit seiner Frau und vier Kindern auf 36 Quadratmetern. Peter Zinecker, der handwerklich geschickte Student, versucht die Substanz des Hauses zu retten und legt gleichzeitig im Hof eine Oase an, den „hortus ante muros – den Garten vor den Mauern der Burg Giebichenstein“, wie er seinen einmaligen Pflanzen- und Baumbestand nennt. Götterbäume und Kastanien stehen neben Kirschpflaume, der ältesten Pflaumenart in Europa, daneben Ginkojungbäume, Strauchpfingstrosen, Pfeifenwinden und japanischen Ahornbäume. Eine ungeahnte Pracht im Hof eines Hauses, das voll Geschichte steckt.

Burgstraße 2, Treppe aus der Renaissance, 2006

Karl Riehm im Jahr 1974

Dem Eingang der Burgstraße 2 in Richtung Bartholomäusberg genau gegenüber, in der Burgstraße 3, hatte der Arzt Karl Riehm den Zugang zu seiner Praxis. Noch heute ist das kleine Vordach über dem Eingang zum Treppenhaus zu sehen, das Dr. Riehm als Wetterschutz für Mütter mit Kinderwagen anbringen ließ. Zerknautschter Filzhut, Anzug, Arzttasche, so wird die Seele von Giebichenstein beschrieben. Karl Riehm wird 1891 als zweites Kind des Gymnasialoberlehrers und Fotografen Gottfried Riehm geboren. Nach Einsätzen als Sanitätsarzt und Bataillonsarzt im Ersten Weltkrieg kehrt Karl Riehm unversehrt nach Halle zurück. 1921 lässt er sich in der Nähe der von ihm so geliebten Burg Giebichstein in den hinteren Räumen der damaligen „Kronen Apotheke" nieder.

Er wohnt im Dachgeschoß. 1938 zieht er während seiner Zeit als Giebichensteiner Arzt mit Praxis und Wohnung von der Burgstraße in die Fährstraße um. Im Zweiten Weltkrieg wird Dr. Riehm als Truppenarzt in Polen und Frankreich eingesetzt. Auf der Krim richtet er ein Lazarett ein und bleibt dort ein Jahr. Auf dem Rückzug gerät er in Gefangenschaft. 1950, zurück in Halle, muss er den Tod seiner Frau verkraften. Seine Schwester Katharina Roux sorgt für ihn und unterstützt ihn in seiner beruflichen und wissenschaftlichen Arbeit. Karl Riehm, auch der „Albert Schweitzer von Giebichenstein" genannt, war mit Leib und Seele Arzt. Selbst nach Feierabend zieht er mit seiner Arzttasche los und macht Hausbesuche. Auch wenn er es nicht mehr vermag, die Leiden seiner schwerkranken Patienten zu heilen, spendet er ihnen Trost durch seine täglichen Besuche. Neben seiner Arbeit als Arzt findet er noch Zeit für Forschungsarbeiten.

Die Raabsche Spinnerei am Ende der Fährstraße mit Fabrikantenvilla, um1900

Bei den Schachtarbeiten für sein Wohnhaus in der Fährstraße findet Riehm kleine, ungebrannte Tonsäulen (Briquetagen), die wie Weingläser aussehen. Er entdeckt so die ursprüngliche Form der Salzgewinnung, am Saaleufer im Norden von Halle. Angesehen und verehrt stirbt Doktor Karl Riehm 1983 im Alter von 92 Jahren. Wenn sich die Giebichensteiner heute an Karl Riehm erinnern, dann ist es jedes Mal, als hielten sie inne und gedenken mit Wehmut eines ganz besonderen Menschen. Das Haus in der Burgstraße 3, 1881 erbaut, beherbergt von Anfang eine Apotheke. In dritter Generation betreibt die Familie Bogs seit 1941 die Apotheke in der Burgstraße. Im April 1941 erwirbt Dr. Ulrich Bogs die Apotheke. Zu dieser Zeit gab es in Halle zwei „Kronen Apotheken", die „Kronen Apotheke" zu Giebichenstein und die „Kronen Apotheke" am Steinweg, und deshalb benennt Bogs die Apotheke in „Burg Apotheke" um. Dr. Ulrich Bogs leitet die Apotheke bis 1969, übergibt sie dann seinem Sohn, Dr. Hans-Ulrich Bogs, der sie bis zur Verstaatlichung innehatte. Von 1974 bis 1990 war die Apotheke in staatlichem Besitz. Nach der Wende bestand die Möglichkeit, die Apotheke zurück zu erwerben. Dr. Hans Ulrich Bogs kauft die sich im Besitz der Treuhandanstalt befindliche Apotheke.

Briquetagen und Schalen zur Salzgewinnung:
die Tonsäulen wurden in ein offenes Feuer gestellt, sie trugen Schalen, in denen während des Brandes das Wasser aus der Sohle verdampfen konnte.
Karl Riehm, der Philanthrop aus der Burgstraße, entschlüsselte als erster die Bedeutung dieser bemerkenswerten Funde. Mit dieser Technik wurde vor dreitausend Jahren in Giebichenstein das weiße Gold des Neolithikums gewonnen.

Blick in die Fährstraße um 1900, links das Dach vom „Gasthof zum Mohr“, rechts sind noch die Gebäude zu sehen, die im Zuge des zweigleisigen Ausbaues der Straßenbahn abgerissen wurden, im Hintergrund liegt die Raabsche Spinnerei

Fabrikdirektor Ernst Traugott Leutert mit Gattin Auguste und den Söhnen
Bernhard und, schwer zu erkennen, Ludwig, um 1860

DIE FABRIK

Doktor Adolf Meißner war ein hervorragender und von seinen Patienten hoch geschätzter homöopathischer Arzt und Therapeut. Doktor Meißner hatte bis 1960 seine Praxis in den Räumen der Burgstraße 35. In dem Wohnhaus des Mannes, der 100 Jahre vorher die ersten Braunkohlebrikettpressen in Deutschland in der Burgstraße baute. Ernst Traugott Leutert, 1817 in Bernsdorf bei Hoyerswerda geboren, erlernt im dort ansässigen Eisenhüttenwerk das Formerhandwerk und arbeitet sich schnell zum verantwortlichen Gießermeister hoch. Im Jahr 1854 werden unter seiner Leitung im Eisenhüttenwerk Bernsdorf die Gussteile für den „Eisernen Turm“ auf dem Löbauer Berg hergestellt, einem Eisengussobjekt seltener Art. Mit diesem handwerklichen Geschick im Gepäck kauft Leutert 1856 die kleine Gießerei in der Burgstraße und wagt den Schritt in die Selbständigkeit. Die Bedingungen, unter denen Ernst Traugott Leutert die Fabrik aufbaut, müssen so niederschmetternd gewesen sein, dass Leutert daran erkrankt. Noch dazu ist seine Frau mit den vier Kindern nicht in seiner Nähe. Erst später kommen sie nach Halle und finden Unterkunft bei einem Giebichensteiner Fischer, schreibt seine Tochter Agnes Leutert in der Familienchronik „Zum Andenken meiner lieben Eltern“. Agnes Leutert lernt Halle im Alter von drei Jahren kennen und wächst parallel zur Fabrik. Da Leutert nur gelernter Eisengießer ist, nimmt er den Ingenieur Johann Wilhelm Ferdinand Moewes (1832–1874) als Teilhaber in die Maschinenfabrik und Eisengießerei „Leutert“ auf. Die Anfangsbelegschaft besteht aus drei Formern, die rohe, unbearbeitete Gussteile herstellen. Doch Leutert und Moewes bereichern stetig ihre Fabrikation.

Die Fabrik Leutert in ihren ersten Anfängen,
Aquarell von Bernhard Leutert, um 1860

1866 stellen sie Dampfmaschinen und -pumpen her. Abnehmer dafür sind die Zuckerfabriken, die chemischen Fabriken und die Braunkohlewerke. Leutert und Moewes stellen sich einer neuen Herausforderung. Sie bauen Braunkohlebrikettpressen und sind damit die erste Firma in Deutschland. Der Erfolg gibt ihnen die Möglichkeit, ihr Fabrikprogramm um Trocknungsvorrichtungen zu erweitern. Und so entsteht in der Burgstraße nicht nur die erste Braunkohlenbrikettpresse, sondern auch der erste gemauerte, mit Feuergasen beheizte Schachtofen. 1874 stirbt Moewes. Ernst Leutert nimmt seine beiden ältesten Söhne als Teilhaber in die Fabrik auf. Bernhard Leutert übernimmt die Leitung der Maschinenfabrik, Ludwig Leutert die Gießereileitung.

Der Vater baut für die beiden Söhne ein prächtiges Wohnhaus in der benachbarten Wiesenstraße 17, heute Lafontainestraße. Die Eltern erwerben das Haus nebenan, die Burgstraße 35. Beide Häuser stehen noch. Agnes Leutert schreibt: „Trotz anstrengender Arbeit hatten die Eltern aber auch Sinn für Heiterkeit. Besonders Vater liebte sehr die Musik. In seinen jungen Jahren konnte er sich nur die Ziehharmonika leisten. Die Kinder hatten teilweiße große musikalische Begabung, besonders Bruder Bernhard. So gab es manch fröhlichen Abend durch Spiel, Tanz und Gesang. Gute Freunde der Brüder, meine Freundinnen, sowie häufiger Besuch von Basen und Vettern nahmen gerne an diesen Abenden teil. Da wurde der große Tisch zur Seite geschoben, Vater saß zwischen Ofen und Sofa auf seinem Stuhl und sah mit vergnügten Augen dem Treiben zu. … Mutter ging ganz in ihrer Arbeit und Sorge um das Wohl der Familie auf und nahm stillen Anteil an unserer Freude.“ Ernst Traugott Leutert lässt auch seine nächsten Verwandten Anteil an seinem Erfolg haben. Er kauft eine Papierfabrik in Merseburg, die Leitung übernimmt ein Bruder seiner Frau. Onkel Wilhelm bekommt eine Gastwirtschaft mit Kolonialwarenladen in Löberitz bei Halle.

Als Bernhard Leutert früh stirbt, liegt die Gesamtleitung nun in den Händen von Ludwig Leutert. Der Vater agiert im Hintergrund und knüpft weitreichende Kontakte. Durch den Bau von Dampfmaschinen, Kompressoren, Dampf- und Luftpumpen und Brikettpressen ist die Fabrik nun in der Lage, komplette Brikettfabrikeinrichtungen zu liefern. Solch eine komplette Einrichtung wird in Senftenberg gewünscht. Leutert liefert, der Besitzer gerät in Zahlungsschwierigkeiten. Ernst Traugott Leutert übernimmt die Fabrik und überträgt seinem dritten Sohn Richard die Leitung. Leutert expandiert weiter. 1887 erwirbt er bei einer Versteigerung für 30 000 Mark ein Grubenfeld bei Liblar im Kreis Euskirchen. 1898 waren 14 Leutertsche Pressen in drei Brikettfabriken mit einer Jahresleistung von 170 000 Tonnen in Betrieb.

Ernst Traugott Leutert, der rastlos tätige und gesellige Fabrikbesitzer, stirbt 1893 im Alter von 76 Jahren an einem Krebsleiden. Der Grabstein des Fabrikanten befindet sich auf dem Giebichensteiner Friedhof in der Friedenstraße. Sein Frau Auguste Leutert folgt ihm ein Jahr später in den Tod.

Artur Leutert, der in Halle geborene jüngste Sohn, hat zu diesem Zeitpunkt eben erst die Schule verlassen. Er übernimmt die Fabrik in Giebichenstein. „Mangelnde Erfahrung und ein heftiges Temperament, das ihn alterprobte Angestellte verabschieden ließ, führten zu einem Rückgang des Werkes unter seiner Leitung", berichtet Agnes Leutert in der Familienchronik. Dann kommt der Krieg, Artur wird einberufen. Er schafft es nicht, der Fabrik zu einem neuen Aufschwung zu verhelfen. Und so fällt die Fabrik während der Inflation in fremde Hände.

Ab 1945 werden in einem Teil der Fabrik, im Volkseigenen Betrieb „diäta", Kunsthonig und Milchpräparate hergestellt. 1955 stellt dieser Betrieb in der DDR Säuglingsnahrung in Form von Pulver her. Die Werbeslogans lauteten:

„MANASAN ist noch besser an Muttermilch angeglichen"
„Wahlessen" für unsere Kleinsten
– Babynahrung soll abwechslungsreicher werden
– Rationalisierungsobjekt im VEB „diäta"
„Aus Halle hochwertige Nahrung für Säuglinge"
„80000 Babys stehen auf Ki-na"

Zwei Fabrikhallen von Leutert überleben bis heute, eine wird als Sporthalle, die andere als Einkaufszentrum genutzt. In der Halle, in der sich das Einkaufszentrum befindet, waren noch bis 1991 Truppen der sowjetischen Armee stationiert. Sie nutzten die ehemalige Fabrik als Kraftfahrzeughalle. Davor stand eine alte, aus den 30-er Jahren stammende Esso-Tankstelle.

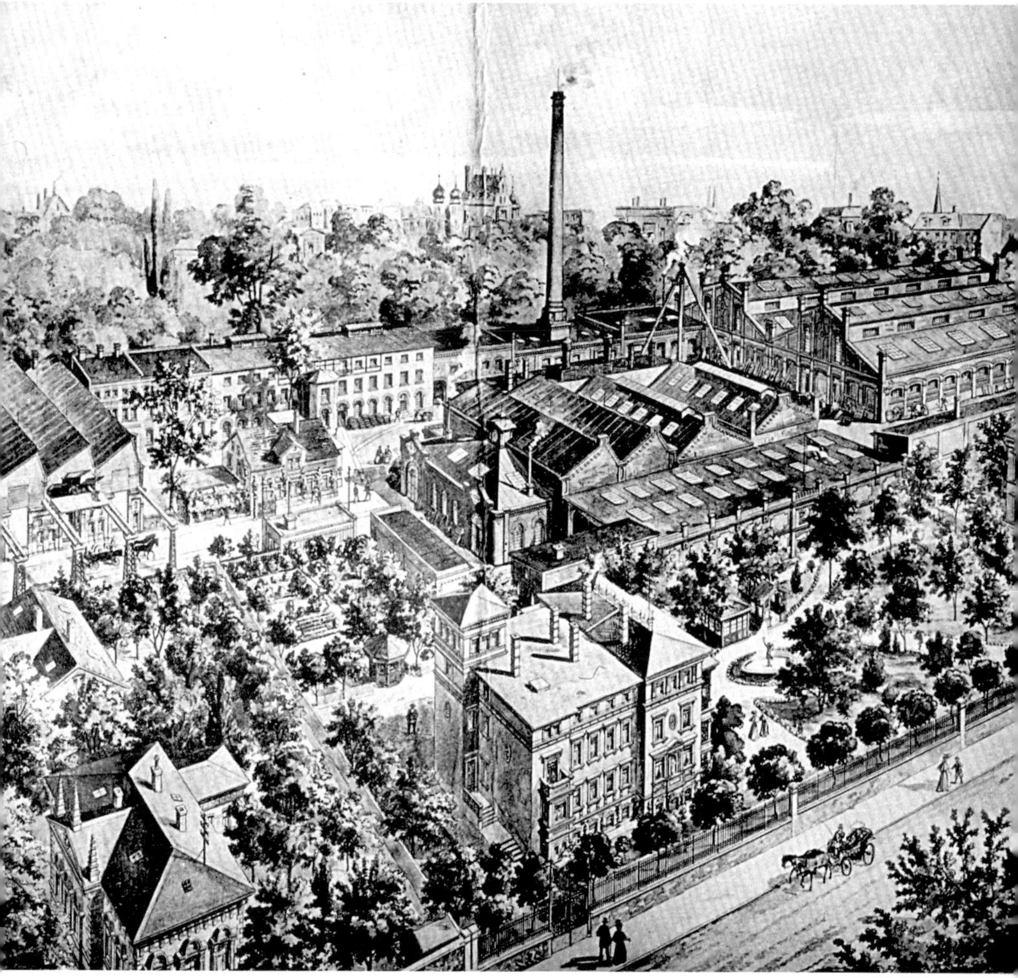

Die Fabrik in ihrer Blütezeit, um 1880

Agnes Gosche, die Begründerin der Frauenschule, im Kreise ihrer
Schülerinnen im Garten der Bethcke-Lehmann-Stiftung.
Der Brunnen wurde zum Gedenken an Emilie und Ludwig Bethcke erbaut,
1920-er Jahre

DIE BETHCKE-LEHMANN-STIFTUNG

Im Garten der Burgstraße 45 steht eine kreisrunde Brunnenanlage, mit reliefgeschmückter Pergola, mit Kinderfiguren und Blumengewinden am Rand und Widmungstafeln an drei Stellen. Heute kaum noch lesbar, sollen die Tafeln und die Brunnenanlage an die Stifter, den geheimen Kommerzienrat Ludwig Bethcke und seine Frau Emilie Bethcke, geborene Lehmann, erinnern. Ludwig Bethcke wird 1829 in Neuruppin geboren und lernt „Handlung". In Halle wird Bethcke in das Bankhaus Lehmann aufgenommen und gleich mit der Prokura, der handelsrechtlichen Vollmacht im Lehmannschen Unternehmen beauftragt. Ludwig Bethcke gewinnt aber nicht nur das Vertrauen von Ludwig Lehmann, sondern auch das Herz der Tochter Emilie Johanna Lehmann. Ludwig Bethcke wird aktiver Teilhaber im Lehmannschen Bankunternehmen. Er sitzt außerdem im Aufsichtsrat der Rübenraffinerie und Papierfabrik Halle und im Kuratorium der „Paul-Riebeck-Stiftung". 1904 ernennt der Oberbürgermeister, Gustav Staude, Ludwig Bethcke zum Ehrenbürger der Stadt Halle. Bethcke stirbt 1911 in Halle. Sein Vermögen von 1500000 Mark und zwei Grundstücke im Wert von 250 000 Mark vermacht er der Stadt Halle mit der Auflage, eine nach evangelischen Grundsätzen zu verwaltende Stiftung zu errichten, welche der Erziehung der heranwachsenden Jugend gewidmet sein solle.

Eine Auflage, in deren Geist Emilie Bethcke schon zu Lebzeiten handelte. Die Bethckes hatten keine eigenen Kinder, der Schmerz darüber muss sehr groß gewesen sein. Nach dem Tod der Eheleute Bethcke und dem klar formulierten Testament ist es an Dr. Richard Rive, Oberbürgermeister der Stadt Halle, das Vermächtnis der Eheleute Bethcke zu erfüllen. Ein Kindergarten und

Die Gebäude der Bethcke-Lehmann-Stiftung um 1910

Burgstraße 4, Ecke Fichtestraße, um 1900

ein Kinderhort entstehen. Und Dr. Richard Rive beschließt außerdem, auf dem Gelände eine Frauenschule zu errichten. Für die Verwirklichung der Frauenschule gewinnt Dr. Rive die angesehene Leiterin der privaten Frauenschule aus Leipzig, Dr. Agnes Gosche.

Mit der Schulreform von 1908, die es den Mädchen ermöglichte Abitur zu machen, zum Beispiel im Lyzeum, entstand auch eine andere Schulform, die Frauenschule.

Außerdem haben Frauen nun die Möglichkeit, an einer Universität zu studieren. Die Frauenschule, in Halle 1911 eröffnet, befand sich zunächst in den Räumen einer Handwerkerschule.

Ein Jahr später zu Ostern 1912 zieht sie in das ehemalige Gesellschaftshaus „Die Weintraube" in das Haus der „Bethcke-Lehmann-Stiftung" in der Burgstraße 45 ein. In das Wohnhaus von Bethcke ziehen die Schule und der Kinderhort ein, in die ehemaligen Stallgebäude hinterm Park die Kinderlesehalle und der Kindergarten. Damit eröffnet in Halle die erste Kinderlesehalle überhaupt. Und dies alles geschieht unter der Leitung von Dr. Agnes Gosche, geboren 1857 in Berlin. Sie wächst als Tochter des angesehenen Orientalisten und Literaturwissenschaftlers Richard Gosche auf. Gosche erhält eine Berufung an die Universität in Halle. Die Familie zieht um. Agnes folgt den Spuren des Vaters und absolviert schon früh die Lehrerinnenprüfung und studiert anschließend in Zürich. Dort promoviert sie mit einer Arbeit über einen italienischen Maler. Dr. Richard Rive ist froh, in Agnes Gosche eine herausragende Direktorin der Frauenschule gefunden zu haben. Eine Frau, die weiß, was sie will und worauf es ankommt. Mit Herz und Verstand erzieht sie die Kinder und widmet sich der Ausbildung von jungen Frauen. Die Ausbildungszeit an der Frauenschule beträgt zwei Jahre. Agnes Gosche selbst unterrichtet Literatur und Kunstgeschichte. Nebenbei schreibt sie kunstgeschichtliche Abhandlungen und Kurzgeschichten für Kinder. Mit Sicherheit hat sie diese in der Kinderlesehalle vorgetragen. Ostern 1923 verlässt Agnes Gosche aus Altersgründen die Frauenschule. Ihre Nachfolgerin wird Frau Dr. Lina Mayer-Kulenkampf.

Aus dem Nachlass von Dr. Agnes Gosche ist zu entnehmen, dass sich viele ihrer Schülerinnen unter ihrer Obhut besonders wohl fühlten und es sehr schätzten, sie in den prüfenden Momenten des Lebens in ihrer Nähe zu wissen. Auf dem Gelände befindet sich jetzt ein christliches Altersheim. Der ehemalige Kindergarten steht heute leer. Schon immer fühlte man sich wohl in der Burgstraße 45. Nicht nur Agnes Gosche und ihre Zöglinge, davor Emilie und Ludwig Bethcke, sondern auch schon vorher erquickten sich die Dichter und Denker in den Gemäuern, bei manch wohlschmeckendem Getränk.

Kinderlesehalle auf dem Grundstück der Bethcke-Lehmann-Stiftung, 1913

Auf dem Grundstück der Bethcke-Lehmann-Stiftung, ehemals „Weintraube", 1913

KNEIPEN UND LOKALE

Um 1800 befindet sich auf dem späteren Gelände der „Bethcke-Lehmann Stiftung“ das Kaffee- und Gesellschaftshaus „Schwarze Schürze“. Die „Schwarze Schürze“ ist eine kleine idyllische Gastwirtschaft, die erste mit Kaffee- und Kuchengarten. Vorstellen muss man sich ein altes bescheidenes Steinhaus, zwei Stock hoch an der noch unbebauten Giebichensteiner Allee, umgeben von einem paradiesisch verwilderten Garten. Auf einfachen Holzbänken sitzend, trinken die Wohlbetuchten eine Tasse Kaffee, ein zu dieser Zeit teures und edles Getränk. Hier treffen sich die Mitglieder der „Humanität“ einer gelehrten halleschen Vereinigung und jeden Montag die intelligentesten Köpfe zur berühmten „Montagsgesellschaft“.

Neben dem Bankier Heinrich Franz Lehmann dem ersten und dem Theologen August Hermann Niemeyer (1754–1826) ist auch der Schriftsteller August Lafontaine (1758–1831) ein gern gesehener Stammgast in der „Schwarzen Schürze“. Lafontaine, der nach dem Tod seiner Frau das Landhaus am Neuwerk 5 verkauft, zieht in eine Pension in der Kleinen Ulrichstraße. Die Sehnsucht nach der romantischen Umgebung ist es wohl auch, die ihn jeden Tag am Nachmittage in die „Schwarze Schürze“ pilgern lässt, um mit seinen Freunden in lebhafter Art zu debattieren und den seltenen Kaffee und das gute Bier zu genießen. Das ehemalige Wohnhaus von Lafontaine ist noch heute in seiner vollen Pracht am Neuwerk 5 zu bewundern. So fliehen also die Gelehrten aus der Enge der Stadt in die frische Luft von Giebichenstein. Und wer wollte, konnte auch ein Zimmer mieten. Der Geograph Karl Georg von Raumer (1783–1865) bewohnt eines dieser Gästezimmer.

Er berichtet: „Wir lebten im Garten der Poesie. Der Garten unseres Hauses zog sich bis zur Saale hinab; in den Lauben saßen wir einzeln oder zu zwei und drein und lasen Dichter; vor allem Shakespeare und Goethe und Cervantes. Es war eine herrliche Zeit voll allerlei Streiche. Täglich badete man in der Saale, fuhr Kahn, und kam die Nacht heran, hängten sich die übermütigen Gesellen weiße Laken um und liefen als riesige weiße Gespenster auf hohen Stelzen in langen Schritten neben den Kutschen her und erschreckten die Fahrenden."

Die „Weintraube" mit Tivoli-Theater, um 1840

Auf dem Gelände der „Schwarzen Schürze" baut man später die „Weintraube". Der Name stammt vermutlich daher, weil an diesem Hang früher Weinberge lagen. Die „Weintraube" ist ein Gesellschaftshaus mit schönem neuem Saal und eines der angenehmsten und beliebtesten Lokale des halleschen Bürgertums. Ein großer Garten umgibt das Haus, mit Gästezimmern und Billard. Auch die „Weintraube" wird zum Sammelpunkt auserlesener Geister nachmittags zwischen zwei und vier. Professoren diskutieren politische Zeitfragen, Studenten und Korporationen und nicht korporierte Studentenschaften treffen sich hier. Im Innenhof der „Weintraube" gibt es das Tivoli-Theater, ein Saisontheater. Da sorgen Lustspiel und Gesangspossen für Unterhaltung. Der Wirt Hugo Julius Eduard Heise engagiert für die Saison die Schauspieler des Stadttheaters, die ja Sommerpause haben. Spaziergänger laben sich an Kaffee und Kuchen und das gemeine Volk begeistert man mit Veranstaltungen wie Kirsch- und Aprikosenfesten oder fasziniert jedermann durch sonderbare Feuerwerke. Nicht so, wie wir sie heute kennen. Da leuchten am abendlichen Himmel Windmühlen oder eine stehende flammende Sonne, die von Sternen umkreist wird. Das kostet mit Konzert zwei bis zweieinhalb Silbergroschen, für die Damen die Hälfte. Das hallesche Blatt „Der Courier“ Nr. 226 vom 27. September 1845, enthält folgende Anzeige:

Noch nie hier gesehen !

Montag als den 29. September 1845 nachmittags 4 Uhr wird im Garten zur Weintraube bei Herrn Heiser die erste Hauptprobe mit einer großen hier noch nie gesehenen Aerostatischen Maschine gezeigt. Dieselbe ist 38 Fuß weit und fasst 10 000 Kubikfuß Luft. Ehe mit dieser großen Maschine die Luftreise unternommen wird, werden erst 2 kleinere derselben die Bahn brechen. Da nur diese Hauptprobe hier gezeigt wird, so bittet Unterzeichneter um ein recht zahlreiches Publikum; für schöne Musik wird gesorgt werden.

Preise der Plätze:
erster Platz 10 Silbergroschen, zweiter Platz 5 Silbergroschen,
dritter Platz 2 Silbergroschen, Kinder zahlen die Hälfte.
NB. Bei ungünstiger Witterung Dienstag als den 30. September
nachmittags 4 Uhr.
Die Kasse ist um 2 Uhr geöffnet.

Trotz all dieser Illuminationen und ausgiebigen Feste ist „Die Weintraube“ das zweite sichere Haus in der ganzen Stadt, jedenfalls wenn echter Donner und Blitz den Himmel erhellen. 1797 erhält sie den zweiten Blitzableiter Halles. Den ersten Blitzableiter bringt im September 1792 der Kramermeister Johann August Kemberg am Neumarkt an seinem Haus an.

So sicher erwirbt nach 1874 Kommerzienrat Ludwig Bethke dieses Haus und bewohnt es. Ob für seine Kaufentscheidung der Blitzableiter ausschlaggebend ist oder die illustre Vergangenheit, ist den Akten im Stadtarchiv nicht zu entnehmen. Ein anderes Gasthaus aus dieser Zeit, welches heute noch geöffnet ist, befindet sich am Fuße der Burg Giebichenstein.

Der eigentliche Name des Gasthauses ist „Zum schwarzen Mohren". Dieser Name führt auf den Schutzheiligen, den heiligen Mauritius oder Moritz, den Mohren zurück. Auf dem uralten Grundstück lag ein Zins, der Kotzenpfennig, der von Leonhardt von Kotze, gestorben 1550, herrühren soll. Der Freiherr stirbt bei einem Turnier auf der Moritzburg und vermacht sterbend sein Pferd der Kirche von Giebichenstein Sankt Bartholomäus. Sie verkauft das Pferd und leiht das Geld gegen Zins aus, den sogenannten Kotzenpfennig. Zur Amtszeit von Johann Christian Ochs von Ochsenstein, im Jahr 1743, brennt der Gasthof zum ersten Mal völlig ab. Der damalige Wirt baut das Haus wieder auf. Durch den Anbau von Wein, einem einträglichen Geschäft, kann er den Aufbau finanzieren. Im Kirchenbuch zu Giebichenstein ist der Gasthof um 1750 als Grenadier- und Kornettschänke geführt. Zu dieser Zeit kühlen die Soldaten des Regimentes „Anhalt" ihre Kehlen mit Bier und erhitzen die Gemüter beim Tanze mit schönen Mädchen. So wie der „Mohr" heute noch zu sehen ist, entsteht er nach dem Siebenjährigen Krieg um 1776, mit Pfälzer Doppeldach und Gewölbekeller. Zu der Zeit, als die Pferdebahn von Giebichenstein nach Halle fährt, wird der „Mohr" eine Kutscherkneipe. In den angrenzenden

Eintrittskarte für eine Tanzveranstaltung des „Gasthof zum Mohr";
wie der Steuerstempel der „Landeshauptstadt Halle (Saale)" belegt, stammt die Karte aus den Jahren zwischen 1947 und 1952, als Halle tatsächlich die erste Hauptstadt des Landes Sachsen-Anhalt war

Ställen können die Pferde versorgt und ausgespannt werden. Ab 1860 stehen die Wirtsleute Gummel hinterm Tresen des Mohren und folgen den Zeichen der Zeit. Ein Tanzsaal mit Theaterbühne, Vereinszimmer und eine Kegelbahn bereichern nun den Betrieb des Gasthauses. Das Vereinsleben startet mit dem Turnverein „Fichte", dem „Giebichensteiner Turnverein" und mehreren Gesangsvereinen. 1919 beginnt die Ära der Familie Richter, zunächst von Karl und Ida Richter. Ida Richter ist die Triebkraft des bunten Geschehens, erst recht als die Wirtschaft nach dem Tod ihres Mannes nun allein in ihren Händen liegt. Als auch Ida stirbt, übernimmt der einzige Sohn Herbert im Alter von 26 Jahren das Unternehmen. Aus der Ehe von Herbert und Hildegard Richter gehen die Kinder Hildegard, Wolfgang und Ursula, die jetzige Inhaberin des Gasthauses, hervor.

Der „Mohr" kurz vor dem Umbau der alten Gaststätte 1929,
in der Bildmitte Gastwirt Karl Richter

Auf die Amerikaner wartet man hier nicht, die Dame links hätte sonst ihr Mutterkreuz abgelegt. Das Photo von der Ecke Burgstraße und Fährstraße, mit der Ampel des „Gasthof zum Mohr" und dem Textilwarengeschäft von „Mösen-Fritze" im Hintergrund, entstand wohl um 1940.

In den letzten Tagen des Zweiten Weltkrieges steht der Saal des „Mohren" voll mit Munition, ein Brückensprengkommando wartet auf den Befehl. Die Giebichsteiner Brücke verliert am 14. April 1945 nach gewaltigen Detonationen ihren Halt und den Mittelbogen. Im Nachkriegswinter ist der „Mohr" eine öffentliche Wärmestube, in die auch Flüchtlinge aus Schlesien einkehren.

In den fünfziger und sechziger Jahren wird der Saal jeden Montag vom VEB Lotto gemietet. Da werden per Hand von 200 Frauen die Gewinne ausgezählt.

1976 übernimmt Ursula Richter das Lokal und nun zählen die Studenten und Künstler der „Kunsthochschule Burg Giebichenstein" zu den Stammgästen. Ab Mitte der 1970-er nutzt die Kunstschule den Saal für Naturstudium und Aktzeichnen, und nach dem Umbau in den 1980-er Jahren wird der Raum bis ins Jahr 2000 als Bibliothek genutzt. Am 8. August 1979 brennt der „Mohr" zum zweiten Mal. Die Ursache des Brandes bleibt ungeklärt. Es erscheint aussichtslos den „Mohr" zu retten, zu gewaltig ist der entstandene Schaden. Die Inhaberin aktiviert alle Kräfte, findet Unterstützung und Hilfe bei vielen Stammgästen. Sechs Jahre später öffnet der „Mohr" erneut seine Tür.

Letztmalig logierende Gäste mit Pferden im „Gasthof zum Mohr",
Donkosaken auf Deutschlandtournee besuchen 1936 Halle

Vordergrund links die „Gosenschänke“, dahinter der „Gasthof zum Mohr“, um1900

Wenn sich jemand in Halle nach Wirtshäusern mit Gose-Ausschank in früheren Zeiten erkundigt, wird er wohl zuerst an die direkt neben dem „Mohr“ gelegene „Gosenschänke“ verwiesen werden. Ein genaues Gründungsdatum des alten Giebichensteiner Dorfgasthofs ist nicht bekannt.

Das erste gesicherte urkundliche Zeugnis stammt aus dem Jahre 1635, laut vergilbter Hauschronik gab es sie aber bereits 1534. Die Glanzzeiten erlebt die „Gosenschänke“ mit der Eröffnung der

Universität Halle im Jahre 1694, als die Studenten nach den Vorlesungen auf die „Bierdörfer“ gehen. Allerdings war es für die jungen Herren nicht ganz ungefährlich, in ausgelassener Stimmung zu feiern. Werber des preußischen Regimentes laden die jungen Burschen zum Trinken ein und stecken ihnen Geldbeutel zu. Nach durchzechter Nacht findet sich manch junger Knabe am nächsten Tag in einer Uniform wieder. Fürst Leopold von Dessau Anhalt (1676–1747), bekannt als der „Alte Dessauer“ und Chef des in Halle stationierten preußischen Regiments, lässt seinerzeit Gosenbier herstellen.

Der „Alte Dessauer“ verschwindet wieder, die Gose aber bleibt. Zur Zeit der Romantiker wandelt sich der Charakter des Lokals und die Zusammensetzung der Gästeliste. Mit der Entdeckung des romantischen Saaletals finden sich Spaziergänger und Gondelfahrer in der „Gosenschänke“ ein.

1817 wird Andreas Rote der Besitzer, danach sein Sohn Friedrich Wilhelm Rote, der gleichzeitig Dorfschulze und Renteneinnehmer ist. 1848 klappt das nicht recht mit der Kasse und auf der Gose lastet eine Hypothek.

Im Zuge der Straßenbefestigung der Burgstraße kommt der Eingang unter das heutige Straßenniveau zu liegen, so dass man beim Besuch der „Gose“ bis heute eine Stufe hinabsteigen muss.

1852 betreibt die Familie Zöhler die „Gosenschänke“. Die Mutter Zöhler wird in Studentenkreisen eine sehr beliebte Persönlichkeit, so eine Art Studentenmutter. Dann wechseln die Betreiber. 1891 kauft der Gastwirt Friedrich Stier (1864–1931) die „Gosenschänke“. Unter seiner Herrschaft werden erstmalig größere Umbauten vorgenommen. Nach dem Tod von „Gosen-Stier“ beantragt dessen Tochter Charlotte Behnke die Übernahme der Schankkonzession ihres Vaters und erhält sie 1931. Charlotte Behnke bewirtschaftet die „Gosenschänke“ bis zum Jahr 1962 selbst. In den Räumen hinter der Gastwirtschaft wohnt die Familie. Dort kommt ihr Sohn Ulrich zur Welt.

1976 kauft die heutige „Hochschule für Kunst und Design Burg Giebichenstein" die „Gosenschänke". Bereits Ende Mai des selbigen Jahres wird nach erfolgreichen Um- und Ausarbeiten die „Gosenschänke" als Hochschulstudentenklub mit einem Chansonabend von Gisela May wieder eröffnet und viele Jahre als Studentenklub genutzt. Die „Gosenschänke" entwickelt sich rasch zu einem beliebten Treff für Künstler, Kunststudenten und alle die dazugehören wollten. Für Fremde war es bei Veranstaltungen nahezu unmöglich hinein zu kommen.

Seit dem Oktober 2000 ist Ingo Schneider Besitzer der „Gosenschänke". Er hat diese von Ulrich Behnke übernommen. Ulrich Behnke stand wie sein Großvater mit souveränem Blick hinterm Tresen. Seit dem Jahr 2000 wird in der „Gose" wieder die „echte" Döllnitzer Rittergutsgose ausgeschenkt.

Der Innenraum der „Gosenschänke", 1930-er Jahre

Der brennende „Mohr“ am 8. August 1979

Zur Eröffnung des
Volksparkes
HALLE a/S.
am 13. Juli 1907.
Wissen
Disciplin
Proletarier aller Länder vereinigt Euch!
Solidarität
Macht
Freiheit
Aus Qual und Leid Euch zu erheben, das ist das Ziel das wir erstreben.
Volkspark
DRUCK v. Konr. Müller. Schkeuditz

Der Volkspark in der Burgstraße 27 steht der Lehmannschen Villa genau gegenüber. Beide Gebäude sehen aus, als hätten sie ihre besten Jahre hinter sich.

Auf dem Gelände des heutigen Volksparkes siedelt sich zunächst die Brauerei „Faldix“ an, dann das Lokal „Tinzers Garten“.

Auf der Suche nach einem passenden Versammlungsgebäude erwirbt 1905 die Ortsvereinigung der SPD das alte Bierlokal. „Der damalige Bankier Lehmann, der Besitzer der gegenüberliegenden Villa, versuchte nun mit allen Mitteln, den Bau des Volksparks zu verhindern. Durch einen Mittelsmann bot er ohne Erfolg dem Genossen Kretschmann, der den Kaufvertrag im Auftrage der Partei abgeschlossen hatte, eine Bestechungssumme von 250000 Mark an“, ist nachzulesen im Jubiläumsheft zum 50-jährigen Bestehen des Volksparkes.

Ein Neubau mit großen Sälen und umlaufenden Galerien entsteht. Die Finanziers sind die Arbeiter der Stadt Halle. Das Grundstück umfasst 7800 Quadratmeter mit Konzertgarten, Veranden, Kolonnaden und Musikpavillon. Zum großen Ärgernis von Hans Alexander Lehmann öffnet am 13. Juli 1907 der Volkspark seine Pforten.

Der Volkspark wird das gesellige, kulturelle und politische Zentrum der halleschen Arbeiterbewegung. In den Räumen finden Vorträge, Theaterveranstaltungen, Konzerte, Ausstellungen, Kundgebungen und Festlichkeiten statt. Die politische Bedeutung des Volksparkes bleibt unbestritten.

Hier nur eine kleine Auswahl der Referenten: 1908 spricht Clara Zetkin über Karl Marx, 1909 Karl Liebknecht über „Die Reaktion in Preußen“, 1911 Rosa Luxemburg über die politische Lage und die Sozialdemokratie, 1913 Wilhelm Pieck über Arbeiterbildung.

Im Ersten Weltkrieg dienen die Säle des Volksparkes als Lazarett.

Und dann kommt es zu dem Tag, den wohl die meisten mit dem Volkspark in Verbindung bringen. Am 13. März 1925 ist der Saal bei einer Kundgebung der Ortsgruppe der KPD mit dem Reichspräsidentenkandidaten Ernst Thälmann übervoll. Die Redner werden unterbrochen, es kommt zu Tumulten. Der Polizeioffizier Pietzker gibt Befehl zur kompletten Räumung des Saals. Auf Pietzkers Kommando „Feuer" entladen sechzig Schuss sich in die dicht gedrängten Massen. Treppengeländer brechen, Menschen stürzen – Verwundete und Verletzte benötigen medizinische Versorgung, zehn Menschen sterben. Unter ihnen Fritz Weineck, ein Mitglied des Roten Frontkämpferbunds. In den 50-er Jahren wird er durch das Buch „Der Kleine Trompeter" von Gerhardt Holtz-Baumert zum Märtyrer dieser Auseinandersetzungen erhoben.

1933 finden dann die letzten öffentlichen Wahlversammlungen der SPD und KPD statt. Zur Zeit der Nationalsozialisten wird der Volkspark in „Reichshof" umbenannt. In einer Anzeige heißt es:

„Burgstraße 27, die Vergnügungsstätte, wo Sie sich wohlfühlen. Montags, Mittwochs, Sonnabends und Sonntags in der ‚Guten Stube' der beliebte Gesellschaftstanz."

In der DDR-Zeit übernimmt die SED die Säle hinter dem einladenden Garten. Die Tanzveranstaltungen Mittwoch und Sonntag im Volkspark sind sehr beliebt. Es gibt Kaffee, Kuchen und hausgemachte Musik unter den Schatten spendenden Kastanien, die SED setzt auf Unterhaltung und sorgt für das reine Vergnügen. Dazu kommt sonntags der Jazz Klub. Regelmäßig finden Konzerte und Ausstellungen aller Art statt.

Die Zeit nach der Wende überschattet ein langjähriger Rechtsstreit. Erst 1998 wird das Grundstück an die SPD (Konzentration GmbH) zurück übertragen. Schon ab 1991 wird der Volkspark von freien Theatergruppen und Rockbands genutzt. Verschiedene Vereine mieten sich für kurze oder längere Zeit ein. Die Kunsthochschule der Burg Giebichenstein wird wichtigster Nutzer der geschichtsträchtigen wunderschönen Räume.

Demonstranten während des großen Metallarbeiterstreiks,
auf dem Weg zum Volkspark 1928

Erinnerungstafel an Hans Litten am Haus Burgstraße 43, 2006

UNGEPFLEGTE GEDENKTAFELN

Wenige Schritte vom Volkspark entfernt befindet sich die Burgstraße 43. In diesem Haus wurde der Rechtsanwalt Hans Litten geboren. Drei Jahre lebt Litten in Halle, dann zieht die Familie nach Königsberg. Littens Vater, Jurist und zeitweise Rektor der Königsberger Universität und in Königsberg ein angesehener Mann, drängt ihn zu der Entscheidung, Rechtsanwalt zu werden. „Als sich der Ochse im Paradiese langweilte, erfand er die Jurisprudenz", schrieb Hans Litten in sein Tagebuch, als er seine juristische Karriere begonnen hat. Mit 25 Jahren absolviert Hans Litten ein einwandfreies Examen und eröffnet in Berlin eine Kanzlei. „Morgens begann ich um etwa 10.30 Uhr, abends gingen wir ins Café, um danach weiterzuarbeiten bis zwischen 3 und 6 Uhr. Auch am Sonntag wurde gearbeitet." Dieser bemerkenswerte Arbeitsalltag ist den Berichten von Margot Fürst zu entnehmen. Sie ist drei Jahre lang Littens Sekretärin. Hans Litten, ein zäher und unermüdlicher Anwalt, recherchiert über die Nähe der Richterschaft und der Staatsanwaltschaft zur nationalsozialistischen Bewegung. Damit wird er zum Feind der aufstrebenden Nationalsozialisten. Littens Nebenklagetätigkeit im „Edenpalast"-Prozess und seine Verteidigung im „Felsenecke"-Prozess sind Meilensteine der Justizgeschichte. Im „Edenpalast"-Prozess von 1931 trat er als Nebenklagevertreter auf. Anlass der Klage war ein gewaltsamer Übergriff des „SA-Sturms 33" auf eine Zusammenkunft des Arbeiterwandervereins „Falke" im Berliner Tanzpalast „Eden". Gegen vier der am Überfall Beteiligten wurde wegen Totschlags, Landfriedensbruch und Körperverletzung ermittelt. Hans Litten lädt Hitler als Zeugen zur Gerichtsverhandlung vor. Durch präzise Quellenkenntnis und Vorlesung von parteioffiziellen Schriften der NSDAP gelingt es Litten,

Hans Litten in in Berlin-Mitte, Anfang der 1930-er Jahre

in einer zweistündigen Befragung Hitler derart in die Enge zu treiben, dass dieser sich von Goebbels distanzieren und seine Verfassungstreue schwören muss. Unter Geschrei und mit hochrotem Kopf verlässt Hitler den Gerichtssaal, heißt es in den Akten zum Prozess. Durch die Bloßstellung Hitlers und dadurch, dass drei der Angeklagten zu Gefängnisstrafen verurteilt wurden, besiegelt Litten sein eigenes Todesurteil. Nie wieder darf jemand in Gegenwart von Hitler den Namen Hans Litten erwähnen. 1932 im „Felsenecke"-Prozess wendet sich das Verfahren wiederum gegen einen Überfall der SA auf Kommunisten in der Arbeiterkolonie „Felsenecke". Ein Kommunist und ein SA-Mann kommen bei dem Überfall ums Leben. Litten verteidigt den Kommunisten, dem der Mord an dem SA-Mann zur Last gelegt wird. Der „Felsenecke"-Prozess war Littens letzte große Verhandlung. Es ist ihm nur noch unter Begleitschutz möglich, sein Haus zu verlassen. Einen Tag nach dem Reichstagsbrand wird Litten am frühen Morgen des 28. Februar in „Schutzhaft" genommen, der Anfang eines grauenhaften Endes. Nach einem langen Leidensweg, der durch die Stationen KZ Sonnenburg, Brandenburg, Moorlager Esterwege, Lichtenburg, Buchenwald führt, hält er 1937 in Dachau den Misshandlungen der Nazis nicht mehr stand. Seine Kameraden finden ihn erhängt im Waschraum.

Nur wenigen ist bekannt, dass wir in den Mauern unserer Stadt ein unmittelbares Erinnerungsmal an jenen blutigen Tag der Schlacht bei Halle im April 1813 besitzen. Beerdigt wurde ein russischer Soldat auf einem Hügel, umgeben von Feld und Wiesen in Giebichenstein. Das Grab befindet sich heute unter dem Straßenbelag der Großen Gosenstraße. Auf der nicht mehr vorhandenen Holztafel stand:

„Östlich, wenige Schritte von hier, ruht ein russischer Kanonier, weit entfernt von den Seinen, die oft trostlos weinen. Doch wer fürs Vaterland gibt sein Blut, ruht auch in fremder Erde gut. – Er starb durch eine feindliche Kanonenkugel im Freiheitskampfe am 28. April 1813."

Halle und die Umgebung waren damals Schauplatz kriegerischer Ereignisse. Im April rückten große Teile des Kleistschen Korps in Verbund mit russischen Truppen in die Stadt ein. Preußische Truppen waren an der Saale und am Neuwerk stationiert. Die anrückenden Franzosen versuchten nach einem gescheiterten Angriff, über die Peißnitz in die Stadt einzudringen. Dieser Plan wurde erkannt. Am 28. April 1813 standen auf Lehmanns Felsen eine halbe Batterie russischer Artillerie, die auf preußischer Seite kämpften. Sie feuerten den angreifenden Franzosen in die linke Flanke und konnten dadurch die preußischen Verteidiger wesentlich entlasten. Die Franzosen erlitten schwere Verluste. Gegenüber dem Kampfplatz war in der Nummer 25 die Tafel angebracht. Die Tafel ist nicht mehr da, nur die Stelle an der sie angebracht war, ist heute noch zu sehen.

Blick vom Turm der „Wilhelmshöhe" in Richtung Kröllwitz, um 1900

Burgstraße 14,
das alte Haus mit der
Gedenktafel für
Willi Zschammer,
1970

In der Burgstraße 14, an dem Haus, welches an den Steilen Berg grenzt war eine Tafel angebracht, die an die Mitteldeutschen Aufstände in Halle erinnern sollte. Willi Zschammer wurde an dieser Stelle am 18. März 1920 während des Kapp-Putsches tödlich verwundet. Zschammer, 1896 in Halle geboren, war Mitbegründer der Ortsgruppe der KPD in Halle. Die Tafel wurde während der Tage des III. Pioniertreffens in Halle am 16. August 1958 eingeweiht.

Relief aus der Jahrhundertwende an der Gaststätte „Sankt Rufus“, Burgstraße 7, das Haus wurde in den sechziger Jahren abgerissen

Oswald Boelcke auf einem Feldflugplatz in Frankreich, Juli 1916

Eine Holztafel, die noch in voller Pracht zu sehen ist, befindet sich im Hof der Burgstraße 66. Vorn betreibt Gunnar Franke sein Zeitungs- und Getränkegeschäft, den „Laden an sich“. In den Räumen darüber wurde am 19. Mai 1891 Oswald Boelcke geboren. Boelcke gilt als der Begründer der Luftkampftechnik und als der Lehrmeister der Jagdflieger. Er brachte Manfred von Richthofen die taktischen Grundsätze des Jagdfliegens bei. Fliegerhauptmann Boelcke erhielt 1916 den „Pour le Merite“, den höchsten preußischen Orden für Tapferkeit gegenüber dem Feind. Bei einem Angriff streift die Maschine eines Kameraden Boelckes oberen linken Flügel, beide stürzen ab. Boelcke stirbt im Alter von fünfundzwanzig Jahren. Ein Geschwader der Bundesluftwaffe trägt heute seinen Namen. Auf der Gedenktafel im Hof ist zu lesen: „Geburtshaus unseres unvergesslichen Fliegerhauptmanns Oswald Boelcke. Geboren am 19. Mai 1891, vom Feinde unbesiegt, gestorben am 28. Oktober 1916, nach vierzig siegreichen Luftkämpfen.“

Einer, der in der Burgstraße 51 wohnte und auch im Volkspark sprach, war Otto Kilian. Im Volksmund der König von Halle genannt. Der gelernte Schriftsetzer und Redakteur ist Stadtrat und SPD Funktionär. Er war ein bedeutender Arbeiterführer, der es verstand, als Stadtrat konstruktiv mit Rive über die weltanschaulichen Differenzen hinweg zusammen zu arbeiten.

Kilian arbeitet als Redakteur für die sozialdemokratischen Tageszeitungen und ab 1913 bis 1925 in der Redaktion des „Volksblatt" in Halle. Seit 1902 ist er Mitglied der SPD. Ab 1918 gehört er der USPD, der Unabhängigen Sozialdemokratischen Partei Deutschlands an und ist zu dieser Zeit Mitglied im Stadtrat.

Von 1915 bis 1918 kämpft Kilian als Soldat im Ersten Weltkrieg. Nach der Novemberrevolution kehrt er nach Halle zurück, leitet das „Volksblatt" und ist Vorsitzender des Arbeiterrates. Im März 1919 wird Otto Kilian auf offener Straße festgenommen und wegen revolutionärer Tätigkeit des Arbeiterrates zu drei Jahren Haft verurteilt. Eine vorzeitige Amnestierung gibt ihm die Freiheit zurück.

1926 wird Kilian aus der Partei ausgeschlossen und schließt sich dem Leninbund an. Er übernimmt die hallesche Druckerei „Schlesinger" und führt illegale Druckaufträge aus und wird dafür wiederum zu 16 Monaten Zuchthaus verurteilt. Mitte 1927 wird Kilian aus der KPD ausgeschlossen. Im November 1927 verfasst er eine Loyalitätserklärung an die KPD und wird wieder aufgenommen. 1928 tritt er wieder aus der KPD aus. 1933 verhaftet man Otto Kilian in Bad Liebenstein, wo er sich gerade zur Kur aufhält. Von 1933 bis 1945 ist er ununterbrochen in verschiedenen Konzentrationslagern in Haft.

Am 10. Februar 1945 erfolgt der Transport kranker und entkräfteter Häftlinge von Sachsenhausen nach Bergen-Belsen. Nach weinigen Wochen stirbt Kilian in Bergen-Belsen an Typhus.

Blick in die Burgstraße in Richtung Burg Giebichenstein, um 1900

In der Wand der Befestigungsmauer Ecke Burgstraße-Mühlweg ist ein halb verschüttetes „Fenster“ zu sehen. Als 1927 die Burgstraße neu gebaut wurde, entschied man sich, die geologische Besonderheit der Erdschichten in Form eines kleinen Aufschlusses sichtbar zu machen. Die ausgewählte Stelle dafür hätte jede andere in der Burgstraße sein können. Die Felsen in Halle sind aus vulkanischem Gestein. Der Sammelbegriff für verschiedene vulkanische Gesteine ist Porphyr. Porphyr ist ein rotschimmerndes Gestein, das aus erkalteter Lava entsteht. In verschiedener Zusammensetzung, von ganz fein, bis ganz grob, ist er vorzufinden. Vulkanisches Magma suchte sich seinen Weg in sogenannten Spalten. Und so ein Spalt oder Aufschluss wurde durch das „Fenster“ freigelegt. Auf dem nicht mehr vorhandenen Emailleschild über der Aushöhlung stand:

„Nachdem die Steinkohlen von Wettin entstanden waren, brachen in der Umgebung von Halle die vulkanischen Glutflüsse hervor, die, zu Porphyr erstarrt, den Galgenberg und den Untergrund der Stadt Halle bilden. In den darüber ausgebreiteten hell grünen Porphyrachsen rissen noch Spalten auf, deren eine in diesem Aufschluss als Porphyrgang zu sehen ist.“

Blick in die Burgstraße, rechts die Einmündung des Mühlweges, an der Böschung das „Fenster“ mit dem Verweis auf die geologische Besonderheit, links das Cafe Dietze, um 1900

Kurz nach 1933 in der Burgstraße, Konservative flaggten noch das Schwarz-Weiß-Rot des Kaisereichs, später in den 1930-ern sah man nur noch Hakenkreuzflaggen

Einer, den wohl niemand gern in der Nachbarschaft haben wollte und von dem man auch nicht genau weiß, wo er in der Burgstraße gewohnt hat, war Alfred Roselieb. Er war der letzte Scharfrichter im „Roten Ochsen" von Halle. Der „Rote Ochse" war ab 1935 das Zuchthaus für überwiegend politische Gefangene. Auf Grund einer Verfügung des Justizministeriums vom 19. März 1939 diente der „Rote Ochse" ab 1942 bis 1945 auch als Hinrichtungsstätte. Bis Kriegsende starben dort 549 Gefangene aus 15 Ländern durch Fallbeil oder Erhängen. Roselieb floh bei Kriegsende. Mieter teilten sich das Inventar seiner Wohnung auf. Darunter waren Stühle, die in der Tischlerei des „Roten Ochsen" gefertigt wurden. Zwei davon stehen heute im Museum des „Roten Ochsen".

DAS PRALLE LEBEN

Das pralle Leben fand ohne Zweifel im unteren Teil der Burgstraße statt, das heißt die Lehmannsche Villa und der Volkspark bilden die unsichtbare Grenze. Die Giebichensteiner mussten nicht in die Stadt, an Läden, Gewerben und Lokalen mangelte es wahrlich nicht. Hier gab es alles. Fast jedes Haus bot geschäftliches Treiben in irgendeiner Art. Jeder, der sich an dieses bunte Treiben in der Burgstraße erinnert, schwärmt von der Kindheit, die er dort verbracht hat, von den Abenteuern, die die Umgebung der Burgstraße mit den Felsen zur Saale und den angrenzenden Parks bot und von den Eigenheiten der Geschäfte und Lokale und deren Inhabern. Aus diesen Erinnerungen ist der folgende Teil fragmentarisch rekonstruiert. Es handelt sich um die Zeit nach dem Zweiten Weltkrieg. Den Ausgangspunkt der Reise durch die einstige Ladenstraße bildet der „Burgblick", Nummer 53, auf der linken Seite der Burgstraße, wenn man Richtung Burg Giebichenstein läuft. Das Gebäude steht seit vergangenem Jahr nicht mehr. Der Verfall siegte über die Substanz, das Dach stürzte ein und zog den Rest hinter sich her. Erst „Transvaal", dann „Wilhelmshöhe" und dann „Burgblick". So ist die Reihenfolge der noch zu ermittelnden Kneipennamen. Die Gastwirtschaft „Wilhelmshöhe" hatte einen Turm. Von dort konnte man die ganze Burgstraße überblicken. Der „Burgblick" war eine handfeste Proletarierstampe, in der man sich richtig voll laufen lassen konnte. Die Einfachheit der Ausstattung, die guten und preiswerten Speisen, das Bier kostete hier nur 41 Pfennige, boten Raum für Gespräche über Kunst und Kultur. Der Burgblick hatte keinen Saal, die Attraktion bestand in einem großen Billardtisch. Eine für die Öffentlichkeit nicht zugängliche

Bierfahrer beim Beliefern der Gastwirtschaft „Sankt Rufus", 1950-er Jahre

Blick von der Felsenstraße zur Burg Giebichenstein, am rechten Rand steht der Turm der „Wilhelmshöhe", links neben der Mauer in der Bildmitte beginnt die Pinkelschlippe, die Verbindung zwischen Felsen- und Burgstraße, um 1900

Attraktion waren und sind noch immer die zauberhaften Gewölbe hinter dem „Burgblick". Die in Felsen gehauenen, weiträumigen Gemäuer dienten im Zweiten Weltkrieg als Luftschutzbunker und früher als Bierlagerstätte. Vom „Burgblick" kommend musste wohl die kleine Gasse, die von der Burgstraße steil zur Felsenstraße führt, in der Nacht als „Pinkelschlippe" herhalten. Auch der Name „Bäckergasse" ist unter den Bezeichnungen zu finden. In den angrenzenden Häusern verrichtete sicher einst ein Bäcker sein Handwerk. An sonnigen Wintertagen verwandelte sich die Gasse in eine spiegelglatte Schlitterbahn. Und wenn das Thermometer ausreichend unter Null war, dann bestand die Mutprobe darin, mit der Zunge an dem noch heute stehenden Eisengeländer zu lecken.

Damals gab es noch derart strenge Winter, dass die Schneeberge am Straßenrand so hoch waren, dass nur die Hüte der Männer auf den Fußwegen zu sehen waren, erinnern sich die damaligen Jungs der Burgstraße. Der Königsberg, heute Steiler Berg, war die Rodelbahn. Und damit die Kinder beim Rodeln rechtzeitig vor der Burgstraße zum Stehen kommen, schütteten die Väter ausreichend Sand auf den Fußweg.

Eingekauft wurde in der Burgstraße 57 bei „Suppengrüns Minna“ oder der „Demmerlecke“ (gesprochen Demmerläge). Der Beiname „Demmerlecke“ kam zustande, weil die Schwester der Kolonialwarenbesitzerin Frau Demmer einen Kahnstand am Riveufer hatte, in der Nähe des steinernen Pferdes. Sie schipperte die Gäste von der Burg zum „Krug zum grünen Kranze“. Wenn der voll besetzte Kahn leckte, dann war es eben die „Demmerlecke“. Die Kähne standen im Hinterhof der Burgstraße 57, vorn befand sich der Kolonialwarenladen.

Die Lebensmittel waren nicht verpackt, da gab es Butter im Block, Senf aus dem Fass, Mehl aus Säcken. Im Nachbarhaus von Frau Demmer befand sich die Drogerie „Koch“. Hier konnte alles gemischt und bestellt werden, der Giftschrank ist den Burschen von damals besonders im Gedächtnis geblieben. Herr Karnstedt führte das Drogeriegeschäft dann weiter. In der Burgstraße 59 verkaufte der Fleischermeister mit dem Doppelnamen Kunze-Hohlstein seine Waren. Heute verrichtet in diesen Räumen eine Schneiderin ihr kunstfertiges Geschick.

Ein wunderschöner alter Schuhladen war der von „Karl Böhme“, in der Burgstraße 61. „Karl Böhme gegründet 1888“, ist noch immer am Haus zu lesen. Das Ehepaar betrieb diesen stilvollen Laden bis nach dem Krieg mit fachmännischer Eleganz.

Karl Böhme
Jnh.: Marie Böhme Ww.
SCHUHWAREN
Gegründet 1888

Halle (S.), den ....
Burgstraße 61

Silvester auf der Burgstraße, 1975

Die Burgstraße war schon immer von Kunststudenten besiedelt und ein Grund zum Feiern fand sich immer. In der Burgstraße 61 wohnen heute die Künstler Wasja und Inge Götze. Sie brachten es 1975/76 fertig, zusammen mit Freunden Silvester auf der Burgstraße zu feiern. Da wurde kurzerhand das komplette Wohnzimmer auf die Straße getragen: Tische, Stühle, Sofa, Schränke, Lampe und der Teppich ausgerollt. Ein Kanonenofen spendete Wärme und das Ofenrohr diente als Abschussrampe für die Raketen. Bowle und Punsch standen auf Öfen. Guten Schnaps versteckte sie in einem dafür vorgesehenen Schrank, der auch nur in diesem ausgeschenkt wurde. Der Fahrer der Straßenbahnlinie 8 nahm Rücksicht auf das bunte Treiben, hielt an, und nahm auch Gäste ein Stück mit.

Hausflur der Burgstraße 61, 2006

Im Jahr 1969 entrümpelt Wasja Götze seinen Hof, um Platz zu schaffen für die Umsetzung einer Idee. Er lädt Freunde und ehemalige Kommilitonen ein, bei ihm im Hof ihre Arbeiten auszustellen. Eine inoffizielle Galerie unter freiem Himmel. Dieser Vorschlag trifft auf Begeisterung. Im Mai 1969 ist der Hof der Burgstraße 61 mit Bildern, Plastiken und Objekten bestückt. Die Ausstellung wird von der Besitzerin des Hauses, Fräulein Böhme, eröffnet. Der Besucherandrang ist groß. In den Abendstunden gibt es Jazzmusik, Puppentheater oder gemeinsames Bildermalen. Ein Räumkommando hält sich in ständiger Bereitschaft, um die Ausstellungsobjekte rechtzeitig vor Regen zu schützen. Eine Woche sollen die Werke zu sehen sein. Nach drei Tagen verbietet die Polizei die Galerie.

Für Wasja Götze sind die Nachwehen der Veranstaltung prägend für sein weiteres Leben. Er wird vor der SED-Kreisleitung zur Rede gestellt und zum Feind des Systems erhoben. Die Staatssicherheit lässt ihn nicht mehr aus den Augen. Noch heute treffen Berge von Akten bei ihm ein, die diese Bespitzelung dokumentieren.

Die Hofgalerie Burgstraße 61, ein Politikum. Ausgestellt haben: Karl Müller, Ludwig Ehrler, Gerhard Schwarz, Bernd Göbel, Otto und Gertraud Möhwald, Peter Zinecker, Fritz Müller, Helmut Brade u. a.

Grünes Paradies im Hof der Burgstraße 61, Sommer 2006

Bevor Inge und Wasja Götze in die Burgstraße 61 zogen, wohnten sie in der 20. Ein altes Lehmhaus, das heute nicht mehr steht. Mit im Haus wohnten Frau Schwarze, die den Parkplatz vor der Moritzburg bewachte, und Frau Dünnebeck, die Altstoffhändlerin mit ihrem Geschäft in der Burgstraße 50. Eine kleine, hutzlige Frau, von der Inge Götze sagt, dass es so alt aussehende Leute heute gar nicht mehr gibt. Die Burgstudenten gingen gern in die Annahmestelle von Frau Dünnebeck, weil sie manchmal Flaschen mit außergewöhnlicher Form hatte.

Frau Dünnebeck
und Moritz Götze
im Hof der
Burgstraße 20,
1967

Burgstraße Ecke Gabelsbergerstraße, rechts Nummer 9, 10 und 11, um 1900

Im „EXIL“, einer Kneipe in der Nummer 62, treffen sich heute die Bewohner der Burgstraße und die Anwohner der Nebenschlagadern. Schon zu DDR-Zeiten stapelten sich hier im Getränkestützpunkt die Bierkästen. Zuvor verkaufte die Familie Klette Gemüse und Lebensmittel. Aber Frau Klette war nicht so beliebt wie die „Demmerlecke“ ein Stückchen weiter oben. In der Nummer 63 waren bis vor kurzem noch die Scheunenreste eines Bauernhofs zu sehen. Vorn stand ein zweistöckiges Haus und beherbergte „Brotschubert“, einen Ableger der halleschen Brotfabrik. Im Hinterhof fertigte ein Böttcher große Holzwannen. In der Nummer 64, ging ein Polsterer namens Kützscher seinem Handwerk nach, jetzt kann man sich mit Feuerlöschern ausrüsten.

In der Nummer 65, der heutigen Lokalität „Halbstark“, heizte Bäckermeister Schüler seinen Ofen. Ein kleiner Mann mit kräftigen Oberarmen, bei dem die Jungen nach der Schule fürs Blecheschrubben die Kuchenränder essen durften. Manchmal, wenn

Abriss der Burgstraße 20, 1975

Schüler von Übermut getrieben waren, packte er die Burschen am Kragen und steckte sie Hals über Kopf in die Mehlsäcke, so dass ihnen angst und bange wurde. Das Frisörgeschäft nebenan war früher der Buchladen Poppe mit Ausleihmöglichkeit. Den heutigen Künstlerbedarfsladen „Chamäleon“ beherrschte einst Herr Geißmeyer. Ein feiner und vornehmer Zuckerbäckermeister, der mit weißer Schürze im Laden stand und seine Süßwaren stilvoll vertrieb. Geißmeyer, genannt „Meißegeyer“, spielte jeden Sonntagvormittag zusammen mit dem Schuhladenbesitzer Raab Geige. Alfons Raab besaß einen Lederwarenladen nach der Rainstraße, wo auf dem heute leeren Platz früher die Kohlenhandlung von „Göldner und Röhr“ war. Die durchs offene Fenster nach außen strömende Musik ist den Jungs von damals und den Herren von heute noch immer im Ohr. Geißmeyer und Raab sollen sich in ihrer Mentalität sehr geglichen haben. Im Laden von Raab stand: „Unmögliches wird gleich gemacht, Wunder dauern länger.“

Die Burgstraße 21 als Neubau, 1920-er Jahre

W. Tutenberg
Baugeschäft

Max Enzesberger, Halle, Burgstr. 68
Meisterschafts-Kunstfahrer

Conditorei und Café Barth, um 1900

In der Burgstraße 68 war um 1900 erst die Post, später dann die Kohlenbestellannahme. In diesem Haus wohnten auch die Fahrradartistenkünstler Enzensberger. Neben Raab war der Zigarrenladen von Herrn Close. Eine immer währende kleine Gasflamme im Laden bot die Möglichkeit, die Zigarren an Ort und Stelle anzuzünden. Die heutige „Pension Hauser" in der Nr. 70 war früher das „Café Barth". Viele Burgstraßenbewohner erinnern sich an die Kegelbahn, wo sie als junge Burschen die Kegel aufstellen durften. Über das Lokal kursieren zwiespältige Meinungen. Die einen sagen, es war das vornehmste Café von ganz Giebichenstein. Böse Zungen kennen es noch unter dem Namen Café „Stinkefinger", Café „Röckchen hoch" oder „zum dreckigen Löffel". Wie auch immer, die in den Nischen eingebauten Séparées mit Sofa verhalfen der Lokalität wohl nicht zum besten Ruf, aber zu großer Beliebtheit.

Gewerbetreibender, 2006

Die vielen kleinen Läden in der Burgstraße sind verschwunden. Dadurch fehlen Möglichkeiten für alltägliche Besorgungen und Begegnungen. Einer, der versucht diesen Mangel auszugleichen, ist Gunnar Franke. Er ist ein Lichtblick zu jeder Tageszeit. In seinem „Laden an sich" besticht er durch seine humorvolle Sorgfalt und gelassene Art, mit der er seine Kunden berät. Bei ihm kaufen alle ein, Bau- und sonstige Arbeiter, Rentner, Künstler, Studenten und Professoren.

Frau Schmutzler in ihrem Geschäft, 1963

Vor dem Gasthaus „Zum Mohr“ hatte Frau Schmutzler einen kleinen Lebensmittelladen, ähnlich wie Frau Demmer und Familie Klette. Früher war da die „Destille“, ein einfacher Ausschank, wo die Arbeiter der „Spinne“, der Raabschen Wollspinnerei, ihre Schnapsflaschen füllen ließen. Die Spinnerei zählte zu den größten Arbeitgebern von Giebichenstein und hatte ihr Fabrikgelände am Riveufer.

Gegenüber der Gaststätte „Mohr“ in der Burgstraße 1 befand sich das Textilwarengeschäft von Fritz Mösenthin. „Mösen-Fritze“ war weit über die Grenzen von Giebichenstein bekannt. Seine Regale, gefüllt mit Wollwaren, Kurzwaren, Baumwollwaren und Kleiderstoffen, erfreuten das Herz der Giebichensteiner Hausfrauen. Da gab es einfach alles, bestätigt jeder, der sich an Mösenthin erinnert. Um die Ecke, in Richtung Seebener Straße, betrieb Mösenthin noch eine Dampfreinigung für Bettfedern.

In der Burgstraße Nummer 5 konnte man bei „Butter-Krause“ Eier, Butter und Margarine kaufen. Dann kam der Frisör „Schöllner“, gefolgt von der Molkerei „Stricksner“.

Die Burgstraße 1, die in den 1890-er Jahren einem Neubau weichen mußte

Umzug der Schützenvereine vor dem Ersten Weltkrieg, um 13 Uhr 10

C.T.Frantz

Auf der Freifläche an der Ecke Burgstraße-Brunnenstraße bewirtschaftete die Familie Trogisch die Kneipe „Sankt Rufus", später das „Giebichensteiner Eck". Das Haus steht nicht mehr. An dieser Stelle sei noch erwähnt, dass die Kreuzung Brunnenstraße-Burgstrasse-Rainstraße in der DDR „Protokollstrecke" war, weil sich das Gästehaus der SED in der Felsenstraße befand. Diese Strecke befuhr Erich Honecker, wenn er in Halle war, unter anderem mit Fidel Castro. Bei dem letzten Besuch von Honecker wurden die Fassaden der Protokollstrecke bis auf Augenhöhe angestrichen und Kellerfenster übermalt, damit man sah wie der Sozialismus blühte.

Das „Giebichensteiner Eck", vormals „Sankt Rufus", vor dem Abriss 1967

Die Gaststube des „Giebichensteiner Eck“, um 1960

In der Burgstraße 8 war die Firma Hermann Mannhardt, Glas- und Gebäudereinigungsfirma mit Gerüstbau und Verleihanstalt ansässig. Weiter in Richtung Volkspark, in der Nummer 12, stellte Julius Nagel graphische Maschinen her. 1923 kauft Julius Nagel das Haus. Vorher soll es einem Bankier gehört haben. Der Schlossermeister Julius Nagel, 1871 geboren, arbeitet bis zu seinem 81. Lebensjahr. Im Vorderhaus umgarnte Elsa Knortz mit ihrer Werkstatt für moderne Strickbekleidung die Kunden.

In der Burgstraße 18 befand sich das Atelier von Carl Staemmler. In der Saale-Zeitung vom 19. August 1901 heißt es:

> Geschäfts-Eröffnung. Hierdurch gestatte ich mir die ergebene Mitteilung zu machen, dass ich am heutigen Tage ein photographisches Geschäft eröffnet habe. Das Atelier ist vollständig umgebaut und den Anforderungen der Neuzeit entsprechend eingerichtet und ausgestattet. Ich bitte, mein Unternehmen gütigst zu unterstützen. Während meiner zehnjährigen Tätigkeit in dem renommierten Atelier des Herrn Fritz Möller hier hatte ich Gelegenheit, reiche Erfahrungen zu sammeln und ich bin der Lage, sauberste und beste Ausführung, sowie gute Haltbarkeit der Bilder zusichern zu können. Mit dem Wunsche, mir recht oft Gelegenheit zum Beweisen meiner Leistungsfähigkeit geben zu wollen, halte ich mich Ihrem geneigten Wohlwollen angelegentlichst empfohlen und zeichne
>
> Hochachtungsvoll
> Carl Staemmler, Photograph.
> Halle-Giebichenstein Burgstraße 18

Kindergarten am Steilen Berg, Photographie aus dem Atelier Staemmler, um 1910

Burgstraße 16, 1906

In der Burgstraße 16 hat der Stadtbaumeister Heinrich Quambusch gewohnt. Er kam am 1. Juli 1900 nach Halle. Zuvor arbeitete Quambusch in Karlsruhe und Straßburg. In Halle angekommen, wird er als erstes mit dem Ausbau der Moritzburg beauftragt. Nach Abschluss dieser Arbeiten erhält Quambusch den Auftrag, die Bauleitung für verschiedene Schulgebäude zu übernehmen. 1907 wird er als Stadtbaumeister gewählt. Quambusch hat an einer Reihe von Bauten seinen Anteil, wie zum Beispiel am Stadttheater und am Zoologischen Garten. Das Kunstleben der Stadt Halle lag Quambusch außerdem am Herzen, er war über 50 Jahre im Künstlerverein „Auf dem Pflug" tätig.

Gleich hinter dem Volkspark in der Nummer 28/29 baute die Stadt 1914 ein neues Heim für Taubstumme. In der Gehörlosenschule wurde gehörlosen Mädchen ermöglicht, eine Ausbildung zu absolvieren. Später ist es die Sonderschule für Sehschwache und

Preußenhaus

heute der Sitz der Werkleitz Gesellschaft. Ein vergessenes Café ist das „Café Hermann“ genau am anderen Ende der Burgstraße, in der Nummer 38. Eine viel besuchte Gartengaststätte am Eingang der Peißnitz, die bis September 1938 die Besucher lockte. Nach 1945 war es dann das Haus der CDU. Am 12. Juni 1951 wurde hier die zentrale Parteischule eröffnet.

Die Burgstraße 40 und 41 gehörten den Studentenverbindungen „Westfalen“ und „Preußen“. Nach dem Krieg bis zum Jahr 2000 nutzte das Haus das Hygiene-Institut.

Burgstraße 37a, Villa Haenert, 2007

Karl Haenert erwirbt 1896 die Burgstraße 37a und nutzt die Villa als Wohnhaus. Doch zu ungeschmückt erscheint ihm das Gebäude und so läßt er der Villa im italienischen Renaissancestil einen Eckturm anbauen. Karl Haenert war der Schwiegersohn von Friedrich Hensel und Teilhaber der Firma Hensel & Haenert, der ersten Mitteldeutschen Kaffee-Rösterei.

Versteckt liegt die Burgstraße 44a. Ein kleines Fabrikgebäude, hinter dem Geburtshaus von Hans Litten. Hier gründet 1877 Ottomar Dreßler eine Färberei und chemische Waschanstalt an der Steinmühle 2, jetzt Burgstraße 44a. Davor befand sich auf dem Gelände eine Eisfabrikation. Das hergestellte Industrieeis diente zur Kühlung von Lebensmitteln und Getränken. 1979 meldet Martha Herrmann ihr Gewerbe zur Herstellung chemischer Erzeugnisse ab. Aber bis heute stellt ein Chemiker auf dem kleinen Areal die Möbelpolitur „Lignupur" in den Sorten farblos und dunkel her.

Zum Schluss eine Erinnerung an die zwei originellsten Gestalten der Burgstraße, an Anni Mehle und ihren Freund. Beide wohnten in der Gabelsbergerstraße. Sie nannte das unsanierte Haus „Ecke Trümmerschlösschen“ oder „Villa Windschief“. Sie selbst lebten wie Geister in diesem Haus. Anni Mehle und ihr Freund waren die „Originale“ von Giebichenstein, sie waren immer zu sehen. Er, Achim, mit einem Handwagen voller Zeugs für den Altstoffhandel unterwegs. Sie, Anni, mit einem Haarschnitt wie ein aufgeplatzter Polsterstuhl. Beide tranken sie und das meistens zu Hause und da gab es dann ordentlich Krach. Der ehemalige Polizist prahlte damit, dass er Margot Feist, die spätere Gattin des DDR-Staatsratsvorsitzenden Honecker in der Bergschenke verführt hatte. Anni machte Achim eifersüchtig mit ihrer Schwärmerei für „Teddy“ wie sie Ernst Thälmann liebevoll nannte. Anni starb um 1984. Der hallesche Schriftsteller Wilhelm Bartsch hat diesem merkwürdigen Paar ein Gedicht gewidmet.

Anni Mehle

Mahlzeiten

Mit Thymian und Bier kocht Anni Linsen,
Und wenn ihr Hausfreund jeweils einzgen Stuhl
Am nackten Arsch des Lichts zerblitzt, zerdonnert,
Kost dennoch irgendwo im wilden Dunkel
Der Bismarckhering mit der Soße sich,
Die lieblichschärfer noch kein Grandhotel gebar,
Und später, wenn die schwankenden Gestalten,
Den Zorn zerkracht, sich aneinanderhalten
Zum Rauschelied aus greisem Radio,
Weiß Anni für ihrn Hausfreund doch noch wo
’n Schnaps und Erbsen, drinnen Venus doch noch
In sattem Rauch die schlaffen Brüste strafft.

Türen

Wenn Anni, von dem braunen Suff erschlagen,
Noch bei den sieben Matscheimern liegt und schnarcht,
Kommt, als Gewitterwolke grummelnd, Hausfreund.
Dann hören wir die Schüsse der Türklinke:
»Machst uff das Brett!!«, doch bleibt es zu dem Hausfreund.
Da hebt er mit den pechverschmorten Fäusten
Den unsichtbaren Felsen Wut und Scham
Und wirft ihn mehrmals in die bleiche Füllung
Der Tür, die Anni sonst so zart bewegt.
Wir hörn nun eine Zigarette fauchen,
Und Hausfreunds Blut brodelt wie Teer. Ein Urschrei,

Urknall: Der Kentaure rast durchs Holz und
– Stille –. Nur das graue Sofa weint,
Worauf des Hufmenschs Dächerherz leis ausgrollt.
Des Morgens aber, längst ging Hausfreund decken,
Da hämmert, sanft wie Tritte weißer Ziegen,
Das Loch, durch das er kroch, die Anni zu.

Abschied

Und eines Tags schloff Anni hoch zu Jottchen,
Da wehten halbmast alle Spinnenweben.
Das sahn wir, als die Bilder wir abnahmen,
Und ein alter Kanker zuckte da erhängt
Am spröden Drechselpfosten in der Treppe,
Zu Staub und Schleim verkrümmt im Wind. Der blies
Ein chemisch ungereinigtes Auf-auf! auf Luken,
Die unverschlossen wie Posaunen bleiben
Vor Jericho, im alten Haus, das Anni war:
Verbraucht und unbehausbar – aber offen …

Unweit der Burgstraße 44a, idyllisch am Mühlgraben steht ein Bienenwagen, 2006

Bartsch, Wilhelm: *Geisterbahn · Gedichte · 1978–2005*. Dößel 2005
Bergakademie Freiberg: *Studien zur Geschichte der Braunkohlebrikettierung und der Geologie.* Freiberger Forschungshefte, Leipzig 1981
Bölcke, Oswald: *Hauptmann Bölckes Feldberichte. Mit einer Einleitung aus der Hand des Vaters und zwanzig Bildern*. Gotha 1917
Burg Apotheke: *Brigadebuch*
Dolgner, Dieter (Herausgeber): *Historische Gasthäuser der Stadt Halle/Saale.* Halle 1999
Eberhard, Gottlob August: *Hannchen und die Küchlein*. Halle 1889
Friedrich, August: *Beschreibung von Giebichenstein und Halle nebst Umgebung – von den ältesten Zeiten bis auf die Gegenwart.* Halle 1865
Fürst, Max: *Gefilte Fisch. Eine Jugend in Königsberg*. München 1973
Hallescher Kunstverein e.V. (Herausgeber): *Peter Zinecker · Arbeiten in Gold und Silber.* Halle 1998
Jahresschrift für Mitteldeutsche Vorgeschichte: *In memoriam Karl Riehm*. Nr. 68, Halle 1985
Krisch, Hans-Jürgen: *Eine mitteldeutsche Kaffeegeschichte zwischen Hamburg und München.* Halle 2005
Lehmann, Hans: *Geschichte der Familie Lehmann*. Halle 1913
Limprecht, Agnes : *Familienchronik.* Privatdruck Mannheim 1932
Linke, Friedrich: *Niederschrift des Heimatvereins der Bartholomäusgemeinde.* Handschriftliches Manuskript, Halle 1936
Mohr, Ursula: *„Mohrenpost" – Gasthof zum Mohren 80 Jahre im Familiebesitz.* Halle 1990
Nachrichtenblatt der Frauenschule „Helene-Lange-Schule", Nr. 20. Halle Oktober 1931
Piechocki, Werner: *Der Volkspark als Kultur- und Bildungsstätte der halleschen Arbeiter (1907–1914)*. Halle 1968
Piechocki, Werner: *Halle an der Saale – Bilder einer Stadt im Wandel (Photographien von Gottfried Riehm)*. Halle 1992
Piechocki, Werner: *Halle um die Jahrhundertwende.* Leipzig 1988
Röntsch, Karin: *Straßennamen mit Erläuterungen*. Halle 1994
Scherer, Erich: *Gefechte von Halle und Kröllwitz.* Halle 2006
Schmidt, Bodo-Lutz: *100 Jahre elektrisch durch Halle*. Altenburg 1995
Schubert, Katrin: *Geschichten aus dem alten Halle. Nixenmärchen und Sagen um die Saale.* Halle 1991
Schultze-Galléra, Siegmar Baron von: *Alte Giebichensteiner Vergnügungsgärten. Beiträge zur Geschichte der Stadt Halle und Umgebung*. Halle 1945
Schultze-Galléra, Siegmar Baron von: *Die alten und neuen Gasthöfe von Halle. Ihre Namen, Wahrzeichen und Geschichte*. Halle 1928
Schultze-Galléra, Siegmar Baron von: *Die Häusernamen und Häuserwahrzeichen der Privathäuser, Gasthöfe, Salzsiedehäuser, Apotheken und Logen.* Halle 1931
Schultze-Galléra, Siegmar Baron von: *Hallisches Dunkel- und Nachtleben*. Halle 1930
Staatliche Galerie Moritzburg: *Halle um die Jahrhundertwende – Photographien von Gottfried Riehm 1858 –1928*. Halle 1988
Stadtarchiv Halle: *Bauakte der Polizeiverwaltung Burgstraße 16*
Stadtarchiv Halle: *Bauakte der Polizeiverwaltung Burgstraße 46*
Stadtarchiv Halle: *Bauakte der Polizeiverwaltung Halle Burgstraße 44a*
Stadtarchiv Halle: *Dabelow, Ludwig. Akte 547*
Stadtarchiv Halle: *Kilian, Otto. Akte 5151*
Stadtarchiv Halle: *Lehmann, Heinrich Franz. Akte 3483*
Stadtarchiv Halle: *Lehmann, Ludwig. Akte 6821*
Stadtarchiv Halle: *Ochs von Ochsenstein. Akte 1398*
Stadtarchiv Halle: *Sammlung Häuserarchiv zur Burgstraße*

Impressum

Herausgeber
Peter Gerlach und Moritz Götze

Text
Annett Krake

Bildnachweis
Ackermann (66, 80), Edda Angermann (78), Archiv der HAVAG (9), Rüdiger Giebler (58), loritz Götze (10, 11, 23, 48, 63, 71, 85, 88, 91 o., 96), Wasja Götze (62 o., 72, 74, 76), leinmann (26), Landesamt für Denkmalpflege und Archäologie Sachsen-Anhalt – Landesnuseum für Vorgeschichte – Juraj Lipták (28), Harald Lehmann (12, 15, 16, 18, 19), tian Lohse (24, 25, 73, 75, 82, 94), Hildegard Meissner (30, 32, 35), Ursula Mohr (46, 47, 3, 83, 84), Ingo Schneider (52), Stadtarchiv Halle (4, 6, 20, 22, 27, 29, 36, 38, 39, 41, 42, 44, 54, 57, 61, 62 u., 65, 66, 67, 70, 77, 79, 81, 89, 90, Umschlag), Horst Trogisch (68, 86, 87)

Trotz sorgfältiger Nachforschungen konnten die Rechtsinhaber nicht in allen Fällen ermittelt werden.

Dank an
ıs Barth, Wilhelm Bartsch, Wieland Berg, Buchhandlung und Antiquariat am Reileck, Ralf Jacob und den Mitarbeitern des Stadtarchivs Halle, ıard Lange, Lux. Kino am Zoo, Maria Meinel, Ursula Mohr, Gaby Müller-Oelrichs, o Schaller, Diana Schmidt, Thomas Steuber, Horst Trogisch, Niels-Holger Wien

Besonderer Dank für die hilfreichen Auskünfte gilt
Dr. Gert Bergholz, Michael Biener, Dr. Hans-Ulrich Bogs, Nikolaus Eberle, Gunnar Franke, Ilse Gebhardt, Inge Götze, Wasja Götze, Günther Henschel, rald Koch, Hildegard Meissner, Bernd Reinknecht, Bernd Schmidt, Jörg Schrader, of. Dr. Max Schwab, Dr. Ralf-Torsten Speler, Annerosel Trümpler, Bruno Vogler, Katrin Wagner, Peter Zinecker

Das Gedicht von Wilhelm Bartsch wurde entnommen
dem 22. Band der Edition STEKO:
Wilhelm Bartsch · GEISTERBAHN · Gedichte 1978–2005.
Verlag Janos Stekovics, Dößel 2005

Redaktion
Simone Trieder

Gestaltung
Rüdiger Giebler

Umschlag
Rüdiger Giebler, Christophe Hahn

Druck
Druckwerk
Christophe Hahn & Martin Paul GbR
D-06120 Halle, Talstraße 7–8

1. Auflage 2007

Umschlagphoto: Blick in die Burgstraße, um 1900
Links: Lineal, Fundstück aus der Burgstraße 61, um 1920

Copy-Blitz Dokumenten-Management GmbH
Gabelsberger Str. 5, 06114 Halle
Tel.: +49 (0170) 85 277 95
Fax: +49 (0345) 53 232 59
E-Mail: copyblitz@email.de

www.hasenverlag.de
ISBN 978-3-939468-07-3